Contra a Revolução: Mudança e Permanência em Edmund Burke e Bernardo Pereira de Vasconcelos

COLEÇÃO
CAIRU

Contra a Revolução: Mudança e Permanência em Edmund Burke e Bernardo Pereira de Vasconcelos

EDUARDO SUMARES

70

CONTRA A REVOLUÇÃO:
MUDANÇA E PERMANÊNCIA EM EDMUND BURKE E BERNARDO PEREIRA DE VASCONCELOS

AUTOR: Eduardo Sumares

DIRETOR DA ALMEDINA BRASIL: Rodrigo Mentz
EDITOR: Marco Pace
EDITORA DE DESENVOLVIMENTO: Luna Bolina
PRODUTORA EDITORIAL: Erika Alonso
ASSISTENTES EDITORIAIS: Laura Pereira, Letícia Gabriella Batista e Tacila Souza

REVISÃO: Tereza Gouveia
DIAGRAMAÇÃO: Almedina
DESIGN DE CAPA: Daniel Rampazzo
COORDENADOR DA COLEÇÃO CAIRU: Bruno Garschagen

ISBN: 9786554272322
Março, 2024

Dados Internacionais de Catalogação na Publicação (CIP)
(Câmara Brasileira do Livro, SP, Brasil)

Sumares, Eduardo
Contra a Revolução: Mudança e permanência em Edmund Burke e Bernardo Pereira de Vasconcelos / Eduardo Sumares.

-- 1. ed. -- São Paulo : Edições 70, 2024.

ISBN 978-65-5427-232-2
1. Burke, Edmund, 1729-1797 2. Ciências políticas 3. Conservadorismo 4. Moral 5. Política – História 6. Realismo I. Título.

24-192443 CDD-320

Índices para catálogo sistemático:

1. Ciências políticas 320

Eliane de Freitas Leite – Bibliotecária – CRB 8/8415

Este livro segue as regras do novo Acordo Ortográfico da Língua Portuguesa (1990).

EDITORA: Almedina Brasil
Rua José Maria Lisboa, 860, Conj.131 e 132, Jardim Paulista | 01423-001 São Paulo | Brasil
www.almedina.com.br

À memória do amado sobrinho e afilhado Miguel Sumares Biar,
pequeno anjo que passou brevemente por este mundo.

Agradecimentos

É com muita satisfação que registro a minha gratidão para com aqueles que, de alguma forma, contribuíram com este pequeno livro:

ao amigo Bruno Garschagen, que desde sempre incentivou a pesquisa que o originou e, não bastasse isso, generosamente propiciou o contato que resultou nesta publicação;

ao Marco Pace e equipe da Almedina Brasil, que transformaram em livro um mero trabalho acadêmico;

à Professora Ivone Moreira, cujas preciosas tutorias atentaram-me para a genialidade de Edmund Burke;

ao Instituto de Estudos Políticos da Universidade Católica Portuguesa, em Lisboa, nas pessoas do seu Diretor, Professor João Carlos Espada, e do orientador da dissertação original, Professor João Pereira Coutinho, onde tive a felicidade de estudar e aprender;

ao Professor Rui Romão, pela leitura atenta daquela dissertação e comentários quando de sua defesa;

ao Alex Catharino, pelo encorajador incentivo a que eu buscasse publicá-la; e

por fim, aos amigos André, Christophe, José Augusto e Leônidas, pelas conversas que sempre me renderam valiosos ensinamentos.

Todos têm, em alguma medida, coparticipação nos eventuais méritos desta obra. Já as suas falhas, seja de que natureza forem, são integral e exclusivamente de responsabilidade do autor.

Eduardo Sumares
Rio de Janeiro, abril de 2023

Siglas e Abreviaturas

ACD	Atas da Câmara dos Deputados
ASI	Atas do Senado Imperial

Sumário

Introdução 15

1. As personagens 23
   - 1.1. Edmund Burke 23
   - 1.2. Bernardo Pereira de Vasconcelos 35

2. Realismo 55
   - 2.1. Primado da realidade 55
     - 2.1.1. Circunstâncias 55
     - 2.1.2. Natureza humana 69
     - 2.1.3. Imperfeição 73
   - 2.2. Experiência 78
   - 2.3. Liberdade ordenada 97

3. Reformismo 115
   - 3.1. Prudência 115
   - 3.2. Tradição e progresso 125
     - 3.2.1. Permanência 125
     - 3.2.2. Herança 133
     - 3.2.3. Reforma 141

Conclusão 157

Referências 165

Introdução

Não há política sem mudança. A moderna história política dos países é, sobretudo, a crônica das diferentes transformações pelas quais passam os seus Estados. Governos são substituídos, leis são aprovadas e revogadas, emendas alteram constituições, regimes caem, Estados são derrubados. Corriqueiras como a posse de um novo governo, ou raras como a restauração de uma monarquia, a tônica das histórias nacionais é, em larga medida, função das sucessivas mudanças na sua política.

Contudo, as transformações mais impactantes costumam ter sua origem remota não em governos ou parlamentos, mas alhures. As mudanças políticas são frequentemente apenas o reflexo de outras ocorridas em um nível mais profundo. Mudar é essencial à política por ser a mudança inerente às próprias sociedades. A sucessão de ações e interações entre os indivíduos funciona como um moto-contínuo, a produzir incessante movimento social. Ao longo das décadas, para o bem ou para o mal, a evolução tecnológica altera os modos de vida; novas formas de convivência disseminam-se; padrões morais modificam-se; mentalidades transformam-se, etc. Esse dinamismo social requer dos regimes políticos um razoável grau de plasticidade adaptativa. À política cabe a exaustiva tarefa de adaptar-se continuamente à sempre cambiante realidade social.

A política não pode, porém, ficar ao sabor de qualquer vento de mudança. Isso seria incompatível com uma atribuição primária do

Estado: proteger os *bens fundamentais* ao corpo social — aqueles que lhes são mais preciosos — e que, por isso, busca-se perenizar. Mas não se trata apenas de valores ou direitos, como a justiça, ordem, liberdade ou igualdade. Os bens fundamentais de uma sociedade alcançam também as instituições que os corporificam, como os governos, tribunais e parlamentos, por exemplo. Nesse intuito, é normal que aqueles bens fundamentais recebam proteção em nível constitucional, na forma de cláusulas pétreas ou mediante exigências de maiorias legislativas qualificadas. Portanto, o adequado desempenho dessa responsabilidade protetiva por parte do Estado requer da política uma significativa dose de rigidez.

Eis a razão pela qual a atividade política costuma ser oscilante: ela requer um equilíbrio que, por definição, é irremediavelmente precário. Se, por um lado, a política deve ajustar-se às novas realidades sociais (função adaptativa), por outro, não pode deixar de resguardar os referidos bens fundamentais (função protetiva). No nível conceitual, essas tarefas associam-se, correspondentemente, a um princípio de *mudança* e outro de *permanência*. Trata-se dos dois guias da política na dimensão temporal. Naturalmente, a conciliação de ambos é problemática; o antagonismo entre eles produz, no seio da política, uma constante tensão.

Acomodar tal tensão revela-se, na prática, um desafio muitas vezes difícil. Com frequência, a escolha do princípio mais apropriado a reger um determinado caso, se aquele de mudança ou o de permanência, apresenta-se problemática. Discernir os bens fundamentais de uma sociedade em meio a um oceano de bens ordinários é uma tarefa muitas vezes desafiadora. A distinção nem sempre é clara ou mesmo possível. Assim, vereditos acerca da possibilidade ou conveniência de se *alterar* ou *manter* um determinado bem raramente são incontroversos. Potenciais critérios distintivos costumam ser encontrados apenas no domínio do contencioso. Aplicativos informáticos de transporte urbano devem ser regulados? Deve-se alterar a fórmula de representação política?

Pode a suprema corte excepcionar a Constituição para autorizar certos tipos de aborto ou eutanásia? Esses são alguns exemplos de questões controvertidas, cuja natureza prática, por certo, extrapola a mera política para invadir, conforme o caso, o terreno mais propriamente econômico, histórico, moral, etc. Portanto, à luz dessas indefinições, não espanta que a atividade política seja tão diabolicamente complicada.

Mas o problema é mais grave. A dificuldade em se distinguir entre aquilo que se deve alterar daquilo que se deve manter pode ocasionar um perigo; quando, de tão frustrados com ela, os agentes políticos desistem da tarefa, optando por uma pretensa solução tão simplista quanto equivocada. Esta consiste na escolha de um daqueles princípios para aplicabilidade preferencial à generalidade dos casos controversos. Trata-se, em outras palavras, do estabelecimento de uma presunção em favor seja da *mudança*, seja da *permanência*. Segundo tal raciocínio, em casos controvertidos, à política seria justificado favorecer aprioristicamente um desses princípios — mudança ou permanência —, porque, no fundo, se pautaria, ou deveria pautar-se, mais por um do que pelo outro.

Um expediente nesses moldes presuntivos seria, contudo, uma simplificação indevida. Longe de representar uma solução razoável para a dificuldade da política, uma presunção a favor de um dos princípios implicaria, necessariamente, uma intolerável restrição ao outro. E uma vez afastada de qualquer um deles, a política ficaria impossibilitada de cumprir uma das suas atribuições (adaptativa ou protetiva), degenerando-se, assim, em um tendencioso e temerário *ersatz*.

Ao minimizar o domínio dos bens fundamentais, a eleição do princípio de mudança tenderia a resultar em uma revolução permanente. E não obstante o ímpeto revolucionário baste para demolir a ordem estatal, a sua inaptidão para reconhecer bens fundamentais torna-o incapaz de erigir, de forma pacífica e ordenada, uma ordem substituta minimamente estável. O exemplo histórico mais célebre é aquele dos períodos iniciais da Revolução Francesa.

Por sua vez, ao maximizar o domínio dos bens fundamentais, a eleição do princípio de permanência tenderia a resultar na fossilização do *status quo*. Contudo, como o poder político dificilmente logra paralisar a dinâmica social, sendo-lhe possível apenas abrandar seu andamento, a acumulada pressão da sociedade sobre uma política fossilizada produziria fissuras no corpo do Estado e, eventualmente, o seu colapso. O exemplo paradigmático é aquele dos derradeiros séculos do Império Chinês.

Portanto, levadas ao seu limite, ambas as presunções apriorísticas — seja a de *mudança*, seja a de *permanência* — não apenas desnaturariam a política, como também, mais cedo ou mais tarde, destruiriam o próprio Estado.

Há, contudo, uma solução que respeita a política em toda a sua necessária complexidade. Tal solução resiste aos apelos do simplismo presuntivo. Ela reconhece ser a tensão entre *mudança* e *permanência* um fenômeno de impossível resolução abstrata. Não cede, portanto, à tentação de equacioná-las de maneira apriorística e definitiva. Trata-se de uma solução que prima pelo realismo e pela neutralidade: recusa-se a genericamente privilegiar um princípio — quer o de mudança, quer o de permanência — em detrimento do outro. Reconhece que o antagonismo entre eles não pode ser superado, mas apenas acomodado e, mesmo assim, apenas em caráter provisório e tão somente na particularidade de cada caso concreto. Se o delírio da mudança leva à revolução e o delírio da permanência resulta em imobilismo, o compromisso possível entre ambos perfaz-se no conceito de *reforma*.

Esse ideal reformista constitui o núcleo do moderno pensamento político de cariz conservador. Nesse sentido, foram reformadores tanto o fundador da tradição liberal-conservadora britânica como o precursor do conservadorismo não absolutista no Brasil. Apesar das diferenças entre os contextos em que viveram Edmund Burke (1729-1797) e Bernardo Pereira de Vasconcelos (1795-1850), os seus pensamentos políticos de matriz conservadora aparentam partilhar, em larga medida, do mesmo substrato reformista.

A alegada proximidade entre o pensamento de Burke e aquele de Vasconcelos é, por ainda carente de estudo definitivo, uma questão que permanece em aberto. Isso não significa, contudo, que historiadores e cientistas políticos jamais a tenham ao menos tangenciado. Sérgio Buarque de Holanda, por exemplo, aparentemente não a reconheceria. Segundo informa Fernando Henrique Cardoso, aquele célebre historiador teria afirmado que "os conservadores imperiais nem teriam lido Burke nem sido conservadores de verdade, mas apenas 'atrasados'"[1, 2]. Já José Murilo de Carvalho, em comentário mais específico, expressamente sinaliza tal proximidade quando afirma sobre as ideias e a obra de Vasconcelos: "São posições que lembram Burke, embora não se encontre referência a esse típico representante do pensamento conservador".[3, 4] O entendimento de Carvalho, contudo, parece contrastar com aquele de estudiosos da geração seguinte, como Christian Lynch e Bernardo Ricupero. Apesar de não se referirem especificamente ao parlamentar brasileiro, ambos observam que o conservadorismo de matriz burkeana enfrentaria consideráveis barreiras no Brasil, sobretudo no período imediatamente seguinte à independência, justamente aquele em que atuou Vasconcelos. Tal entendimento fundamenta-se na premissa segundo a qual o passado do Brasil seria antes um obstáculo a ser superado do que uma herança a ser cultivada.[5] Nesse sentido, Lynch assinala que "em

---

1 LYNCH, C. E. C. Conservadorismo Caleidoscópico: Edmund Burke e o Pensamento Político do Brasil Oitocentista. *Lua Nova*, n. 100, 2017, p. 357.

2 GASPARI, E. A Briga dos Remédios Revela a Força do Atraso. *Folha de São Paulo*, 30 jan. 2000.

3 CARVALHO, J. M. de. Introdução. *In*: VASCONCELOS, B. P. de. *Bernardo Pereira de Vasconcelos*. São Paulo: Editora 34, 1999, p. 23.

4 Em que pese a assertiva de Carvalho, há ao menos uma referência expressa de Vasconcelos a Burke.

5 RICUPERO, B. O Conservadorismo difícil. *In:* FERREIRA, G. N.; BOTELHO, A. (orgs.). *Revisão do Pensamento Conservador, Ideias e Política no Brasil.* São Paulo: Hucitec, 2010, p. 76.

países cujo 'passado' era antiliberal e católico, destituído de uma sociedade moderna triunfante, só seria possível recorrer ao Burke das *Reflexões* de modo seletivo, limitado o conservadorismo a absorver críticas ao radicalismo e o elogio da mudança incremental"[6].

Cingindo-se a uma dimensão específica dos pensamentos políticos de Burke e Vasconcelos, esta breve obra pretende lançar alguma luz sobre a questão da afinidade entre as ideias conservadoras de ambos. Buscará, portanto, comparar os seus pensamentos acerca de um assunto que lhes foi central: a *mudança em política*. Seu intuito será determinar, na medida do possível, os pontos de convergência e divergência mais salientes. A hipótese de partida é que tanto o britânico quanto o brasileiro foram reformistas, ou seja, teriam conjugado a aceitação da inevitabilidade da mudança em política com uma preocupação com o resguardo de uma esfera de permanência. Ambos teriam recusado o radicalismo, seja revolucionário seja imobilista, para defenderem uma política pautada por reformas graduais, prudentes, atestadas pela experiência e compatíveis com as circunstâncias.

Para esse fim, a investigação que originou este trabalho limitou-se a analisar os textos da fase conservadora de ambas as personagens. No caso de Burke, aqueles acerca da Revolução Francesa, publicados a partir de 1790. No caso de Vasconcelos, os discursos parlamentares e artigos jornalísticos associados ao Regresso, movimento por ele encabeçado a partir de 1835. Tal recorte temporal não é injustificado. O conceito de reforma — em contraposição ao de revolução — apenas adquiriu protagonismo no pensamento dos dois estadistas com as suas correspondentes passagens ao campo conservador. Nesse sentido, o recorte temporal deliberadamente excluiu do âmbito de análise os textos da fase liberal de ambos.

---

[6] LYNCH, *op. cit.*, p. 355.

Este estudo está dividido em três partes. A primeira tem por objeto as trajetórias políticas de Burke e Vasconcelos. Para além de indicar os dados biográficos mais relevantes às suas carreiras, visa também a destacar os eventos que motivaram as suas correspondentes conversões ao campo conservador; no caso do europeu, a eclosão da Revolução Francesa; no caso do sul-americano, as rebeliões provinciais que ameaçavam fragmentar o Brasil. Como não poderia ser diferente, a ênfase recai não sobre os eventos em si, mas sobre a reação que motivaram nas personagens, a qual se caracterizou pela denúncia do ideal revolucionário e correspondente apologia ao reformismo.

Em seguida, parte-se para a análise e comparação das ideias-chave que, em suas correspondentes reações, Burke e Vasconcelos articularam sobre a *mudança em política*. Para fins de clareza de exposição, tais ideias são agrupadas sob duas disposições básicas: o *realismo* e o *reformismo* — aos quais são dedicados, respetivamente, o segundo e o terceiro capítulos. Aquele sobre o *realismo* analisa algumas das ideias fundamentais à disposição política em ambas as personagens, quais sejam: (i) o reconhecimento do primado da realidade; (ii) a valorização da experiência; e (iii) a necessidade de se conjugar liberdade e ordem. Por sua vez, o capítulo dedicado ao *reformismo*, analisa (i) as ideias de cautela prudencial e (ii) a relação entre tradição e progresso, sendo esta decomposta ainda nos conceitos de (a) permanência, (b) herança e (c) reforma.

Pretende-se que a análise e articulação harmônica de tais conceitos — basilares aos pensamentos de Burke e Vasconcelos — componham um quadro que, se indubitavelmente incompleto, não deixe por isso de ser fidedigno. O trabalho terá sido exitoso se, tal qual em um retrato artístico, referida incompletude não chegue a frustrar a apreensão do todo, mas sirva antes para lhe realçar a substância, mediante destaque daquilo que lhe é mais essencial.

I

As Personagens

1.1 Edmund Burke

Edmund Burke nasceu em Dublin, em 1729,[1] numa Irlanda ainda sob o Domínio Protestante, filho de um casamento entre um advogado convertido ao anglicanismo[2] e uma jovem católica. Criado na religião do pai, cedo demonstrou extraordinário talento para as letras. Por influência paterna, contudo, acabaria em Londres, a estudar para a carreira jurídica. Em 1756, ainda antes de completar trinta anos, teve publicada anonimamente a sua primeira obra, *A Vindication of Natural Society*. O ano seguinte viu o seu casamento com Jane Mary Nugent (1734-1812) que, como ele, era filha de um casamento misto.[3]

Desde sempre perspicaz, Burke não tardou a perceber a incompatibilidade entre a incerteza remuneratória da profissão de letras e as obrigações de sustento do lar conjugal. Eventualmente, tais obrigações conduziram-no não para uma carreira jurídica, como seria talvez esperado, mas para

---

[1] O ano de nascimento de Burke permanece objeto de controvérsia. É usualmente indicado como 1729 ou 1730.

[2] HIMMELFARB, G. *Os Caminhos para a Modernidade, os Iluminismos Britânico, Francês e Americano*. São Paulo: É Realizações, 2011, p. 112 (rodapé).

[3] KIRK, R. *Edmund Burke: Redescobrindo um Gênio*. São Paulo: É Realizações, 2016, p. 151.

a política. A oportunidade surgiria dois anos depois,[4] quando travou amizade com um político com interesses literários, ao qual veio a servir como secretário particular de 1761 a 1764.[5] Mas o impulso decisivo à carreira política do jovem secretário viria apenas em 1765,[6] após ele passar a secretariar Lord Rockingham (1730-1782), um destacado membro do partido *whig*. Burke viu-se então, pela primeira vez, "no centro do poder"[7]. Tal posição lhe facultaria, eventualmente, obter para si uma cadeira no parlamento. Para a sua sorte, a oportunidade materializou-se ainda naquele ano, quando, em favor dele, um amigo declinou da oferta de um assento parlamentar por um "distrito de bolso"[8].

O ano de 1766 marcou a estreia de Burke na Câmara dos Comuns. Seria o início de uma destacada carreira parlamentar, que duraria por quase três décadas,[9] a maior parte da qual passada na oposição aos governos de George III (1738-1820).[10, 11] Curiosamente, em que pese o seu brilhantismo intelectual e impressionantes dotes oratórios, Burke jamais alcançou uma posição de liderança entre os *whigs*.[12] Ele foi, contudo, um parlamentar prestigiado e ativo, tendo se dedicado com afinco a uma série de causas importantes.[13] Dentre essas, para além da Revolução Francesa, costuma-se destacar (em ordem cronológica): a defesa dos

---

[4] *Ibid.*, p. 166.

[5] William Gerald Hamilton (*Ibid.*, pp. 110, 168).

[6] *Ibid.*, p. 111.

[7] *Ibid.*, p. 176.

[8] "*pocket borough*" sob a influência de Lord Verney (KIRK, *op. cit.*, p. 177.)

[9] MANSFIELD JR., H. Edmund Burke. *In:* STRAUSS, L.; CROPSEY, J. (eds.) *History of Political Philosophy*. 3. ed. Chicago: The University of Chicago Press, 1987, p. 687.

[10] Se Burke bateu-se frequentemente contra a figura do monarca, nunca deixou de se manter leal à instituição da Coroa (KIRK, 2016, p. 184).

[11] *Ibid.*, p. 175.

[12] MANSFIELD JR., 1987, p. 687.

[13] KIRK, 2016, p. 181.

colonos americanos; a luta contra o rei, incluindo a reforma econômica; e os assuntos da Índia.[14] Além dessas, paralelamente, Burke nunca deixou de se dedicar à questão irlandesa, representativa das suas origens.[15] Foi a dedicação a essas causas históricas que o motivou a redigir a maior parte de sua obra. Seus escritos, contudo, têm geralmente um alcance mais amplo. Conforme se verá adiante, na defesa das causas que abraçava, Burke logrou articular um pensamento original sobre algumas das questões permanentes da política.

A natureza liberal daquelas causas granjeou para Burke a fama de campeão do liberalismo. Por isso, quando a revolução eclodiu na França, em julho de 1789, todos esperavam que ele a aplaudisse. Afinal, aproximadamente quinze anos antes, ele havia apoiado a causa independentista norte-americana; e se os franceses ora se rebelavam, era, alegadamente, também por amor à causa da liberdade. Àquela altura dos acontecimentos, porém, a opinião do agora experiente parlamentar perdera já muito do seu antigo prestígio. Aos sessenta anos de idade, Burke era tido por um velho decadente. Sob o então protagonismo de Charles James Fox (1749-1806), que era vinte anos mais novo, generalizava-se entre os *whigs* a percepção de que a reputação de Burke encarava o seu ocaso.[16]

Porém, nada poderia ser mais falso. A sua reação à Revolução Francesa foi surpreendentemente vigorosa. A partir dela, o experiente parlamentar logrou não apenas reverter o declínio de sua influência junto à opinião pública, mas elevar sua carreira ao seu ponto culminante.[17, 18]

---

14 *Ibid.*, p. 181.

15 *Ibid.*, p. 181.

16 *Ibid.*, p. 284.

17 *Ibid.*, p. 283.

18 Embora, na avaliação pessoal de Burke, o momento supremo de sua carreira política tenha sido a questão indiana, particularmente o processo movido contra Warren Hastings, Governador-Geral de Bengala (COUTINHO, J. P. *Edmund Burke, A Virtude da Consistência*. Lisboa: Universidade Católica Editora, 2017, p. 54).

Burke denunciou a revolução com eloquência e abrangência arrasadoras. Num *tour de force* retórico, opôs-se a um só tempo tanto à violência dos seus métodos quanto ao irrealismo dos seus objetivos, numa devastadora crítica simultaneamente antirrevolucionária e antiutópica.[19]

Essa enérgica reação à Revolução Francesa, contudo, não se deteve na denúncia do utopismo e violência dos revolucionários. Ela retrocedeu até os mais básicos pressupostos filosóficos da revolução. A crítica de Burke mirou igualmente as correntes de opinião ilustrada do fim do século XVIII, particularmente a de extração francesa, com as suas autoproclamadas "luzes". Ele sublinhou que não partilhava do "otimismo presunçoso do Iluminismo de que toda mudança fosse boa e de que a tradição era uma coisa que deveria ser levianamente posta de lado"[20]. Pelo contrário, a presunção daquele movimento intelectual e seus *philosophes* atraía apenas o seu desprezo.[21] O experimente parlamentar *whig* ridicularizou aqueles "iluminadores do mundo"[22] ao afirmar ter apenas ouvido falar das suas luzes, mas nunca tê-las visto de fato; e que tudo que aprendera delas fora a sua "superficialidade, leviandade, orgulho, petulância, presunção e ignorância"[23]. Burke suspeitava das elucubrações puramente teóricas, baseadas em conceitos distantes da experiência da realidade, justamente a marca distintiva do exercício intelectual dos

---

[19] COUTINHO, J. P. *As Ideias Conservadoras Explicadas a Revolucionários e Reacionários*. São Paulo: Três Estrelas, 2014, p. 10.

[20] FEULNER, E. J. As Raízes do Conservadorismo Moderno de Edmund Burke a Russell Kirk. *In:* KIRK, R. *Edmund Burke, Redescobrindo um Gênio.* São Paulo: É Realizações, 2016, p. 419.

[21] KIRK, 2016, p. 286.

[22] "*illuminators of the world*" (An Appeal from the New to the Old Whigs. *In*: BURKE, E. *Further Reflections on the Revolution in France.* Editado por Daniel E. Ritchie. Indianapolis: Liberty Fund, 1992c, p. 147.

[23] "*shallowness, levity, pride, petulance, presumption and ignorance*" (BURKE, 1992c, pp. 147-8).

philosophes. Nesse sentido, é característico que o parlamentar britânico não tenha pretendido refutá-los no terreno da teoria política, mas, bem ao contrário, tenha permanecido quase sempre ancorado à sua prática.[24] Portanto, tanto o conteúdo da sua crítica aos revolucionários como a natureza dessa crítica evidenciam que Burke não foi, definitivamente, um homem do Iluminismo.[25,26,27]

A recusa de Burke à política teórica aparece já na sua primeira obra de denúncia da Revolução Francesa. Trata-se daquele que é também o seu escrito mais célebre e aquele que, alegadamente, melhor sintetiza o seu pensamento político:[28] *Reflections on the Revolution in France*, publicada em 1º de novembro de 1790,[29] meros dezoito meses após a Queda da Bastilha. Tal recusa à teorização reflete-se, desde logo, na forma pouco usual em que a obra foi redigida, qual seja, a epistolar, cuja informalidade privilegia a força retórica da argumentação em detrimento da sua sistematização teórica.[30] A crítica da revolução veiculada

---

24 MANSFIELD JR., 1987, p. 692.

25 KIRK, *op. cit.*, p. 286.

26 A enorme distância que separava o pensamento político dos iluministas franceses daquele de Burke abriu um abismo entre o velho político e os novos *whigs*, pois esses haviam sido influenciados pelo racionalismo dos *philosophes* — os profetas do Iluminismo francês —, que Burke tanto execrava (KIRK, 2016, p. 346).

27 Em sentido contrário, registra-se a opinião de Gertrude Himmelfarb. Depois de distinguir três vertentes do Iluminismo, uma francesa, uma britânica e uma americana, a referida historiadora argumenta que Burke se filiaria à segunda, cuja ideia propulsora não seria a razão, mas as virtudes sociais, pelo que, mais do que uma filosofia, o Iluminismo britânico seria uma "sociologia da virtude" (HIMMELFARB, 2011, pp. 17; 34).

28 MOREIRA, I. Introdução: Edmund Burke: Um Percurso Biográfico-Literário. *In:* BURKE, E. *Reflexões sobre a Revolução em França*. Tradução e Introdução de Ivone Moreira. Lisboa: Fundação Calouste Gulbenkian, 2015, p. 11.

29 MITCHELL, L. G. Introduction. *In:* BURKE, E. *Reflections on the Revolution in France*. Oxford: Oxford University Press, 2009, vii.

30 MOREIRA, 2015, p. 31.

nas *Reflections* atraiu contra Burke acusações de incoerência por, supostamente, contradizer suas posições liberais anteriores.[31] Por isso, ele rebateu tais acusações e sustentou a coerência do seu pensamento na sua obra subsequente, *An Appeal from the New to the Old Whigs*, publicada já no ano seguinte.[32] Como ele próprio expressamente nela argumentou, dentre todas as virtudes de caráter, aquela que acreditava possuir em maior grau era justamente a consistência.[33] Com efeito, não havia incoerência alguma por parte de Burke. As acusações é que careciam de fundamento. Resultavam, em larga medida, da incompreensão das suas ideias. Em realidade, conforme observa Ivone Moreira, o estadista britânico manteve-se sempre coerente com os princípios políticos que expressara ainda em 1756, em *A Vindication of Natural Society*.[34]

O mais notável na crítica burkeana à Revolução Francesa, contudo, é que ela não se esgotou em uma simples coleção de contra-argumentos pontuais. Muito pelo contrário, foi de tal forma compreensiva, profunda e articulada, que delineou um vasto panorama da política. Para além de denunciar a revolução e seus pressupostos filosóficos, Burke esmerou-se em contrastar o tipo de ordem política por ela produzida com aquele que ele próprio defendia.[35] No processo, acabou por formular todo um pensamento político.

À diferença da teoria dos *philosophes*, a reflexão política do parlamentar *whig* nascia da articulação não de ideais teóricos, mas de conceitos formulados diretamente da experiência histórica, ou da sua própria

---

[31] *Ibid.*, p. 31.

[32] Segundo Gertrude Himmelfarb, tais acusações de inconsistência já teriam sido antecipadas por Burke nas sentenças finais das *Reflections* (HIMMELFARB, *op. cit.*, p. 113).

[33] BURKE, 1992c, p. 100.

[34] MOREIRA, *op. cit.*, p. 31.

[35] LEVIN, Y. *The Great Debate: Edmund Burke, Thomas Paine and the Birth of Right and Left*. New York: Basic Books, 2014, p. 36.

prática política. Nesse sentido, a referida forma não teórica empregada nas *Reflections* é típica não apenas dos textos de Burke,[36] mas até da sua própria forma de raciocínio. Curiosamente, se ele chegou a articular um pensamento político, o fez de forma incidental, pois jamais pretendeu elaborar um sistema ou teoria, nem sequer o feitio da sua reflexão era adaptado à forma tratadística.[37] O seu pensamento foi, portanto, tanto na forma quanto no conteúdo, singularmente não teórico e assistemático. Isso não o impediu, contudo, de ter sido supreendentemente criterioso ou de ter atingido uma invulgar profundidade.[38]

Além de profunda e criteriosa, a reflexão de Burke se revelaria também bastante fecunda. Sem exagero, pode-se afirmar que ela inaugurou uma nova e importante linha de pensamento. As *Reflections* e as obras posteriores apresentaram um pensamento político até então inédito e que, por isso, afigurava-se original. Para além de veiculada na forma de discursos e cartas, ter um substrato prático e conteúdo assistemático, a originalidade dessa reflexão decorre de dois fatores adicionais: por se originar de uma reação à Revolução Francesa, ela é eminentemente reativa, o que a afilia às correntes tipicamente conservadoras.[39] Mas, apesar disso, trata-se de um conservadorismo inserto ao campo liberal, algo bastante diverso do reacionarismo absolutista dos seus contemporâneos Joseph de Maistre (1753-1821) ou Visconde de Bonald (1754--1840). Burke inaugurou, assim, um conservadorismo novo, de cariz não absolutista. Trata-se, em outras palavras, de um conservadorismo

---

36 De fato, à diferença dos *philosophes* e tratadistas políticos do século XVIII, a obra de Burke consiste primordialmente em discursos e correspondência (MOREIRA, *op. cit.*, p. 43.)

37 MANSFIELD JR., 1987, p. 688.

38 LEVIN, 2014, p. 30.

39 Segundo Samuel Huntington, a teoria situacional ("*situational theory*"), de natureza posicional e, portanto, reativa, seria aquela que mais bem caracterizaria ideologicamente o conservadorismo burkeano (HUNTINGTON, S. Conservatism as an Ideology. *The American Political Science Review*, vol. 51, n. 2, 1957, p. 456).

moderno,[40] cuja característica mais determinante é advir de uma matriz liberal. Portanto, algo paradoxalmente, o pensamento político burkeano foi, ao mesmo tempo, conservador e progressista.[41]

Longe de representar uma esquizofrenia, essa dualidade resulta da complexidade do problema político que o conservadorismo moderno se propõe a resolver: conciliar duas necessidades essencialmente antagônicas, quais sejam, o *progresso* e a *preservação*. Nesse sentido, Russell Kirk aduz ter sido Burke o primeiro pensador político moderno a dedicar-se à "tarefa de preservação"[42]. Pois, em rigor, embora tenha havido um conservadorismo anterior ao estadista britânico,[43] este não foi moderno (no sentido de liberal) e apresentava-se, particularmente nas suas manifestações mais antigas, ainda insuficientemente articulado.[44]

O fato de o seu pensamento não articular conceitos abstratos, mas sim conhecimentos extraídos diretamente da experiência, revela a lealdade de Burke à realidade bem como sua atenção ao comportamento humano em sociedade. Escrevendo já na sua última década de vida, ele asseverou que, ao longo de toda a sua existência, buscara sempre compreender a natureza humana.[45] Talvez seja essa compreensão o fator responsável pela "profundidade quase inigualável"[46] com que o estadista

---

[40] COUTINHO, 2017, p. 9.

[41] KIRK, 2016, p. 299.

[42] *Ibid.*, p. 141.

[43] Na tradição conservadora britânica, Samuel Huntington destaca aquele expresso por Richard Hooker em *Laws of Ecclesiastical Polity*, de 1594, por nele identificar todas as mais significativas ideias que depois comporiam o conservadorismo burkeano, embora as instituições defendidas por Hooker e Burke fossem diversas (HUNTINGTON, *op. cit.*, pp. 464-5).

[44] COUTINHO, 2014, p. 10.

[45] BURKE, E. Reflections on the Revolution in France. *In:* BURKE, E. *Select Works of Edmund Burke. Vol. 2. A New Imprint of the Payne Edition*. Prefácio e Nota Biográfica por Francis Canavan. Indianapolis: Liberty Fund, 1999b, p. 238.

[46] "*almost matchless penetration*" (MANSFIELD JR., 1987, p. 687).

britânico analisava as questões políticas. Ele foi dos primeiros a notar a verdadeira natureza das alterações que estavam ocorrendo no final do século XVIII,[47] sobretudo na França. E, diferentemente dos outros *whigs*, que entusiasmados saudaram a eclosão da revolução no continente, Burke desde logo identificou os perigos inerentes a um movimento revolucionário. Compreensão que se deveu, em larga medida, à sua extraordinária perspicácia para entender o caráter humano.[48]

Para Burke, diferentemente dos *philosophes*, conhecer a natureza humana não significava relacionar os direitos alegadamente cabíveis aos indivíduos de forma genérica e abstrata. Em vez disso, significava, sobretudo, conhecer os limites da razão humana e das possibilidades de ação das pessoas no mundo das contingências.[49] Continuamente atento a esses limites, o estadista *whig* era cético quanto à capacidade dos homens para transformar o mundo conforme os seus desígnios. Profundamente realista, ele recusou, ao mesmo tempo, os apelos tanto da revolução quanto da utopia, bem como denunciou os perigos nelas latentes. Tal disposição levou-o a rejeitar igualmente o reacionarismo, ao eventualmente reconhecer que, diferentemente do que pensavam reacionários como de Maistre, a Revolução Francesa já se teria convertido em um fato consumado. Perito em avaliar as reais possibilidades de ação humana face aos apelos do impossível, Burke não tinha ilusões acerca da possibilidade de retorno da França ao Antigo Regime.[50]

Ao longo dos mais de duzentos anos decorridos desde a sua inauguração — com a reação de Burke à Revolução Francesa — o conservadorismo moderno desenvolveu-se em uma importante tradição de pensamento. Longe de ter se tornado datado, o pensamento burkeano

---

[47] KIRK, 2016, p. 153.
[48] MOREIRA, 2015, p. 12.
[49] LEVIN, 2014, p. 31.
[50] COUTINHO, 2014, pp. 11-2.

manteve-se relevante.[51] Essa sua prolongada pertinência decorre, em significativa medida, de ocupar-se não com modismos passageiros, mas, bem ao contrário, com aquilo que considerava permanente. Em uma primeira dimensão, tal foco na permanência levou Burke a abordar questões políticas que têm se relevado perenes,[52] seja por não se prestarem a uma solução definitiva e universal — como é o caso da tensão entre ordem e liberdade —, seja por afigurarem-se incontornáveis em qualquer sociedade, como é o caso da questão central ao presente estudo: a *mudança em política*. Numa segunda dimensão, tal foco na permanência reflete-se na sua apologia às instituições tradicionais de um povo ou Estado.[53]

A defesa burkeana da institucionalidade tradicional, contudo, não se confunde com uma simples aversão a qualquer mudança social ou política. Ela de forma alguma resulta da vontade de congelar a passagem do tempo. Ao invés de significar a *intemporalidade* expressa na vontade de eternizar o presente, a ideia de permanência exprime para Burke algo bastante diverso: uma longa *corrente do ser*, a qual perpassaria o passado, chegaria ao presente e se projetaria até o futuro. Trata-se da ideia subjacente à sua versão do contrato social. Aos seus olhos, a sociedade política não estaria *suspensa no tempo*. Bem ao contrário, ela seria *contínua,* justamente por abarcar os vivos, os mortos e os ainda por nascer. Portanto, diferentemente de um devaneio reacionário, a permanência defendida por Burke não é hostil à passagem do tempo. Pelo contrário, busca conviver com ela e com o incessante dinamismo da realidade.

Por ser a realidade essencialmente dinâmica, a preservação do que se pretende permanente, em vez de resistir, deveria buscar absorver e transcender esse dinamismo. Isso seria conseguido pela via da reforma.

---

[51] *Ibid.*, pp. 17-8.

[52] KIRK, *op. cit.*, pp. 367-8.

[53] KIRK, 2016, p. 134.

Por isso, para Burke, os conceitos de permanência, preservação e reforma estariam intimamente relacionados.[54] Tratar-se-ia a permanência de um valor, a preservação de um fim e a reforma de um meio. Assim, por valorizar o que há de permanente em um mundo irremediavelmente dinâmico, o pensamento burkeano tem no conceito de reforma uma ideia fulcral. Realista e moderada por definição, a reforma ficaria a meio caminho entre dois extremos: de um lado, a fossilização do presente e, de outro, a sua destruição pela via da revolução.[55] Essa posição intermediária permitiria, alegadamente, conciliar progresso e preservação; eis um objetivo central ao conservadorismo moderno.

Como se verá ao longo do presente estudo, além de um notável advogado de reformas em lugar de revoluções, Burke destacou-se também pela defesa da liberdade, da prudência em política e de uma especial atenção às circunstâncias da ação humana.[56] Quanto à sua apologia à liberdade, vale notar que, se por um lado o estadista britânico merece ser a pedra de toque dos conservadores,[57] por outro, ele foi também um liberal, incansável defensor da liberdade ordenada.[58]

Já a defesa burkeana da prudência tinha natureza marcadamente epistemológica: decorria da sua crença que as matérias-primas do pensamento — a razão e os conceitos formulados a partir da experiência individual — seriam irremediavelmente precárias. Constitui esse um dos motivos pelos quais recomendava respeito para com a sabedoria acumulada pela civilização, tal qual manifesta em seus preconceitos, hábitos e modos de vida.[59] Burke favorecia essa sabedoria prática adquirida pela

---

[54] *Ibid.*, p. 141.

[55] Seja para construir uma utopia de futuro, a visão revolucionária clássica; ou de passado, a visão reacionária.

[56] MOREIRA, 2015, p. 29.

[57] KIRK, *op. cit.*, p. 136.

[58] *Ibid.*, p. 136.

[59] KIRK, 2016, p. 346.

via da experiência, em detrimento das regras gerais determinadas pela razão abstrata.[60] Para ele, as abstrações operariam uma corrupção dos princípios relevados à experiência: quando abstraído em conceito racional, um princípio extraído à realidade passaria a ter valor por si próprio, independentemente do resultado da sua aplicação em circunstâncias particulares.[61] O estadista britânico reconhecia ser impossível divorciar os princípios da experiência concreta da realidade, tal qual expressa nas suas circunstâncias. Por isso, era cético quanto às capacidades da razão humana quando fechada sobre si mesma.[62]

Falecido em 1797, Burke legou à posteridade um pensamento invulgarmente rico na multiplicidade de articulações entre os diversos conhecimentos que o compõem. Trata-se de uma reflexão especialmente intricada, que desafia qualquer tentativa de analisá-la. Suas cadeias de significado são tão excepcionalmente densas que qualquer recorte que se lhes faça aparenta ser não apenas arbitrário, mas também terrivelmente mutilador. Na ausência da destreza linguística de Burke, escrever sobre o seu pensamento equivale a submetê-lo a uma inevitável agressão. Não por acaso, aquele a quem Russel Kirk chamou

---

[60] Nesse sentido, afirma Ivone Moreira que, segundo Burke, "A virtude da acção política manifesta-se na preferência pela 'sabedoria prática' em detrimento do 'saber teórico'" (MOREIRA, I. *A Filosofia Política de Edmund Burke*. Porto: Moinho Velho/ Editorial Aster, 2012, p. 166).

[61] *Ibid.*, pp. 13-4.

[62] Sobre o ceticismo de Burke relativamente ao uso da razão abstrata em política, Ivone Moreira observa que, para Burke: "A razão a utilizar em política é uma razão prática, isto é, que incide sobre as acções morais do homem, regulada por princípios, contando também com a tradição e o preconceito como instrumentos naturais que permitem tornar mais expedita a acção para quem tem viva consciência da densidade do real e da sua singularidade, ao mesmo tempo que reconhece a falência da razão discursiva para a sua compreensão" (*Ibid.*, pp. 110-1).

"o filósofo político britânico mais interessante"[63] é também considerado "um dos maiores retóricos modernos"[64].

1.2 Bernardo Pereira de Vasconcelos

A história política do Brasil tem em Bernardo Pereira de Vasconcelos (1795-1850) uma figura superlativa. Na titânica tarefa de dotar o território recém-independente de um Estado, ele desempenhou papel de protagonista.[65] Não seria exagerado afirmar que merece ser considerado a maior das figuras da Regência[66], ou até mesmo de o "maior político brasileiro do seu tempo"[67]. Muito desse mérito decorre de ter sido ele o "fundador das instituições parlamentares no país"[68]. Segundo o Barão do Rio Branco (1845-1912), teria sido Vasconcelos o "verdadeiro mestre do parlamentarismo no Brasil"[69]. Mas a sua atuação política foi mais abrangente. Destacou-se também como um dos maiores, senão o maior, dos legisladores da história brasileira.[70]

Apesar dessa coleção de epítetos superlativos, o figurino de estadista aclamado não lhe cai à perfeição. Ao longo da carreira, Vasconcelos abraçou polêmicas bem como cultivou ódios. E incontáveis foram as vozes que o denunciaram. Por vezes, foi acusado de trânsfuga, outras de

---

63 KIRK, *op. cit.*, p. 133.

64 *Ibid.*, p. 133.

65 LYNCH, 2017, p. 353.

66 VALLADÃO, A. Bernardo de Vasconcelos. *Revista do Instituto Histórico e Geográfico Brasileiro*, n. 207, 1950, p. 169.

67 HOLUB, N. Bernardo Pereira de Vasconcelos, o Gigante Aleijado. *Revista do Instituto Histórico e Geográfico Brasileiro*, n. 296, 1972, p. 38.

68 *Ibid.* p. 42.

69 CARVALHO, 1999, p. 17.

70 VALLADÃO, *op. cit.*, p. 191.

amoral, e ainda de absolutista e até mesmo de republicano.[71] Tratava-se de uma personagem complexa e controversa, que José Murilo de Carvalho resume como:

> Gigante intelectual, na definição de Nabuco, sustentáculo da monarquia representativa, teórico do liberalismo conservador em política e economia, construtor de instituições, mas também avesso à democracia e à igualdade social e insensível à sorte dos escravos, tudo isso foi Vasconcelos. Admirado, temido e odiado, não deixou ninguém indiferente à sua passagem (CARVALHO, 1999, p. 34).

Vasconcelos nasceu em 1795, em Vila Rica, a então capital da província de Minas Gerais. Seu pai era natural de Portugal, mas crescera no Brasil — onde na juventude conviveu com a roda dos inconfidentes de 1789. Ainda aos doze anos de idade, o pai enviou-o para estudos na Europa. Mas, como corria o ano de 1807, e Portugal encontrava-se ocupado pelas tropas francesas, o navio jamais aportou em Lisboa. Em algum ponto do Atlântico, foi apreendido por uma esquadra britânica e conduzido até porto inglês. De lá, o jovem Vasconcelos foi recambiado para o Brasil. Passar-se-iam mais de seis anos até que pudesse finalmente desembarcar na metrópole. Chegado em 1813, ali viveu por cerca de sete anos. Em 1820, já recém-formado em leis por Coimbra, voltou ao Brasil, onde passou a exercer a função de magistrado.

Seu ingresso na política de âmbito nacional deu-se cinco anos depois, em 1825, quando foi eleito deputado pela sua província natal. A independência do Brasil fora proclamada havia meros três anos. Tudo ainda era novo naquela nação que debutava como Estado independente. Aos trinta anos de idade, o recém-eleito representante mineiro integrou a legislatura inaugural da Câmara dos Deputados, a qual teve início em 1826. Vasconcelos

[71] Atas do Senado Imperial (ASI), 22/05/1844.

utilizou aquela tribuna para desde logo se opor aos governos nomeados por D. Pedro I, considerados por ele ainda imbuídos "dos resíduos de absolutismo ainda vigentes na cabeça e nas práticas do imperador, seus ministros e até mesmo das leis"[72]. Durante esses primeiros anos na Câmara, o ainda inexperiente deputado tentou estabelecer uma monarquia representativa ao estilo britânico. Sua principal bandeira foi a prestação de contas dos ministros à Câmara dos Deputados. Com o tempo, a vigorosa atuação do representante mineiro não tardou a conquistar-lhe uma posição de liderança no seio da oposição liberal aos governos de D. Pedro I.[73]

A abdicação do monarca, em 7 de abril de 1831, e, consequentemente, o início do período regencial representaram uma vitória política para aquela oposição. Alargaram-se assim os horizontes políticos de Vasconcelos, particularmente até o Poder Executivo.[74] O deputado mineiro integrava a facção moderada dos liberais, precisamente o grupo que ascendera ao poder com a Regência. Não tardou até que a destacada atuação legislativa do jovem representante abrisse-lhe as portas do governo: já no ano seguinte, em 1832, foi nomeado ministro da Fazenda. Apesar de ter sido precocemente abortada,[75] a sua passagem

---

72 CARVALHO, 1999, p. 17.

73 MIGNOZZETTI, U. G. *A Apropriação de Modelos Estrangeiros pelo Pensamento Político Brasileiro: os Casos de Bernardo Pereira de Vasconcelos, Marquês de São Vicente e Visconde do Uruguai.* São Paulo, 2009. Dissertação (Mestrado em Ciência Política) – Faculdade de Filosofia, Letras e Ciências Humanas, Universidade de São Paulo, 2009, p. 42.

74 Em realidade, já em 1828 Vasconcelos fora convidado por D. Pedro I para o ministério; porém como integrava a oposição liberal, declinou do convite (ROCHA, J. Biografia de Bernardo Pereira de Vasconcelos. *In:* SISSON, S. A. *Galeria de Brasileiros Ilustres*. Edições do Senado Federal, 1999, p. 389).

75 Vasconcelos cairia juntamente com todo o Ministério em 4 de agosto de 1832, em razão da frustração do chamado Golpe de 30 de Julho, em que esteve envolvido. Tratou-se de uma tentativa de converter a Câmara dos Deputados em Assembleia Nacional Constituinte, a fim de contornar o Senado e aprovar uma nova Constituição (SOUSA, O. T. de. *História dos Fundadores do Império do Brasil: volume III*

pelo ministério numa época em que as finanças públicas "achavam-se no maior grau de descrédito e de ruína"[76] [77] contribuiu para engrandecer-lhe a reputação. Posteriormente, a administração financeira levada a cabo por Vasconcelos viria a receber de Leopoldo de Bulhões (1856-1928)[78] o qualificativo "brilhante"[79]. Mas essa seria apenas a primeira de três passagens do parlamentar mineiro por governos da Regência. Em 1837, já sob aquela de Pedro de Araújo Lima (1793-1870), foi Vasconcelos a figura central do chamado Gabinete das Capacidades, cumulando as pastas do Império e da Justiça. Sua derradeira passagem pelo governo foi com a pasta da Justiça no brevíssimo Ministério das Nove Horas, em 1840.

Para além de deputado e ministro, Vasconcelos foi ainda Conselheiro Ordinário de Estado[80] e Senador do Império. Em 1838, parecia ser o Senado a casa legislativa mais adequada ao deputado que, após

---

Bernardo Pereira de Vasconcelos, [1937]. Brasília: Edições do Senado Federal, 2015, pp. 132-3.)

76 ROCHA, *op. cit.*, p. 390.

77 Segundo Jorge Caldeira, a ruína das finanças públicas era em grande parte devida ao (i) "imenso dispêndio de recursos do governo central" decorrentes do tratado de reconhecimento da independência (1825); (ii) aumento dos gastos públicos em razão da guerra contra a Argentina (Guerra da Cisplatina, 1825-1828); (iii) fim do tráfico legal de escravos, em 1831 — o qual implicava significativa redução de receitas públicas, uma vez que "os impostos cobrados dos traficantes formavam parte significativa da receita do governo"; e (iv) à impossibilidade de o governo brasileiro recorrer ao meio mais usual à época para se elevar a arrecadação pública, qual seja, o aumento dos impostos sobre as importações, em razão de o Tratado de Amizade, Navegação e Comércio celebrado com o Reino Unido em 1827, estipular uma "taxa baixa e fixa para as importações vindas desse país" (CALDEIRA, J. *História da Riqueza no Brasil:* Cinco Séculos de Pessoas, Costumes e Governos. Rio de Janeiro: Estação Brasil, 2017, pp. 228-9, 237.)

78 Político e financista brasileiro. Foi Ministro da Fazenda e diretor do Banco do Brasil.

79 *apud* VALLADÃO, 1950, p. 170.

80 ROCHA, 1999, p. 393.

sucessivas reeleições, fora também por duas vezes ministro. Na tribuna senatorial, de onde passou a falar sentado devido ao avanço de uma paralisia degenerativa,[81] notabilizou-se por ser dos oradores mais loquazes e ativos. Mesmo doente, continuou a desempenhar papel crucial na aprovação das leis mais importantes da primeira década do Segundo Reinado. Como o cargo senatorial era vitalício, ocupou-o até a sua morte, por febre amarela, em 1850.

O período regencial (1831-1840) assistiu ao fenômeno mais marcante da carreira política de Vasconcelos: tal qual Edmund Burke, ele também transitou do campo liberal para o conservador. Apesar de ter se afirmado politicamente como um liberal, seria como conservador que ele passaria à história.[82] Se, no caso de Burke, o evento catalisador da sua transformação foi a Revolução Francesa; no caso do brasileiro, foi o avanço das revoluções no seu próprio Brasil.

Tal transição teve início ainda em 1834. Aquele ano assistiu a dois eventos que impactaram sobremaneira a política brasileira: a prematura morte de D. Pedro I, em Portugal; e a aprovação do Ato Adicional — uma emenda à Constituição — no Brasil. Com o falecimento do ex-monarca, as pautas radicais de exaltados e caramurus[83], respetivamente pela República e pela restauração de D. Pedro I, viram-se subitamente esvaziadas. O consequente

---

[81] O definhamento físico de Vasconcelos foi testemunhado por John Armitage, segundo o qual: "A pele murchou-se, os olhos afundaram-se, o cabelo começou a alvejar, a marcha tornou-se trêmula, a respiração difícil, e a moléstia espinhal, de que então principiou a padecer, foi para ele fonte inexorável de crudelíssimos tormentos" (ARMITAGE, J. *História do Brasil* [1836]. 2. ed. São Paulo: Typographia Brazil de Rothchild & Co., 1914, pp. 164-5).

[82] WEFFORT, F. C. *Formação do Pensamento Político Brasileiro, Ideias e Personagens*. São Paulo: Editora Ática, 2006, p. 178.

[83] LYNCH, C. E. C. Quando o Progresso é Regresso: a Formação do Pensamento Conservador Saquarema e de seu Modelo Político (1834-1851). *In:* FERREIRA, G. N.; BOTELHO, A. (orgs.) *Revisão do Pensamento Conservador, Ideias e Política no Brasil*. São Paulo: Editora Hucitec, 2010, p. 33.

declínio daqueles partidos, por sua vez, modificou o equilíbrio entre as forças políticas que disputavam o poder no jovem Império.[84]

Já a aprovação do Ato Adicional, uma extensa reforma da Constituição imperial, alterou profundamente a configuração político-administrativa do Estado brasileiro. Seu objetivo era, no melhor espírito liberal, atender à demanda por maior autonomia política e administrativa da parte das províncias. Curiosamente, apesar de ter sido Vasconcelos o principal redator[85] do projeto que o originou,[86] viria ele a rejeitar aquele diploma, em razão das inúmeras emendas supervenientes que, em sua opinião, desfiguraram o projeto original.[87] Por esse motivo, entre outros, o parlamentar mineiro eventualmente passaria a se referir ao Ato Adicional como uma "carta de anarquia"[88] [89].

Com efeito, os eventos de 1834, sobretudo a aprovação do Ato Adicional, contribuíram para agravar a sensação de desgoverno que já grassava no Brasil.[90] A extensão da descentralização operada por aquele Ato foi

---

84 LYNCH, 2010, p. 33.

85 TORRES, J. C. O. *Os Construtores do Império, Ideais e Lutas do Partido Conservador Brasileiro*. São Paulo: Companhia Editora Nacional, 1968, p. 51 (rodapé).

86 Juntamente com Francisco de Paula Araújo e Antônio Limpo de Abreu.

87 ROCHA, 1999, p. 391.

88 VASCONCELOS, B. P. de. *Bernardo Pereira de Vasconcelos*. Organização e Introdução de José Murilo de Carvalho. São Paulo: Editora 34, 1999, p. 253.

89 Segundo Luaia Rodrigues, "Vasconcelos tentou, inutilmente, impedir que seu projeto fosse alterado [pois] acreditava que o aumento das atribuições provinciais, além do proposto inicialmente, prejudicaria a condução do Estado brasileiro, tendo em vista o vazio do poder que a abdicação do imperador gerou. Segundo ele, o governo não teria a força necessária para controlar as províncias se elas tivessem autonomia maior do que a administrativa" (RODRIGUES, L. *O Justo Meio: a Política Regressista de Bernardo Pereira de Vasconcelos (1835-1839)*. 2016. Dissertação (Mestrado em História) – Universidade Federal Fluminense, 2016, p. 73).

90 Para João Ribeiro, a desordem teria tido início já com o 7 de Abril: "Com a abdicação do Imperador, coagido pela indisciplina militar, desencadeou-se a anarquia por quase todos os pontos do país" (RIBEIRO, J. *História do Brasil [1900]*. Rio de

considerada insuficiente por diversas províncias que, consequentemente, rebelaram-se. Em outros casos, a acrescida autonomia acabou "incentivando as disputas entre elites regionais pelo controle das províncias cuja importância crescia"[91], o que também ocasionou insurgências. Já no ano seguinte à aprovação do Ato, revoltas provinciais eclodiram por todo o país, a se destacar a Cabanagem, no Pará (1835-1840), e a Revolução Farroupilha, no Rio Grande do Sul (1835-1845) — durante as quais foi declarada a independência dos seus correspondentes territórios.[92] O governo central viu-se então de mãos atadas: sua capacidade de resposta, seja pela via do arbitramento, seja pela da repressão, fora prejudicada pela própria descentralização operada pelo Ato Adicional.[93] Tal tibieza não passou desapercebida nas demais províncias e, consequentemente, novas revoltas tornaram a eclodir por todo o país. Até o seu término em 1840, a Regência combateria nada menos que dezoito rebeliões provinciais.[94] A atuação política de Vasconcelos deu-se, portanto, no período mais conturbado da história do Brasil.[95]

A grave crise política e o caos administrativo produzido pelas rebeliões levaram o estadista mineiro a reavaliar as suas convicções políticas liberais.[96] A partir de então, passou a se afastar de seus antigos aliados liberais moderados, como Diogo Feijó e Evaristo da Veiga, para aproximar-se cada vez mais do campo conservador.[97] Daí em diante,

---

Janeiro: Fundação Darcy Ribeiro, 2013, p. 363).

91 FAUSTO, B. *História do Brasil*. 6. ed. São Paulo: Edusp, 1998, p. 165.

92 *Ibid.*, pp. 166 e 169.

93 LYNCH, *op. cit.*, p. 31.

94 WEFFORT, 2006, p. 177.

95 Sobre o período regencial, afirma João Ribeiro: "Nunca o Brasil atravessou período tão difícil e calamitoso, e, se o coração do país, São Paulo, Minas e Rio, menos turbulento que o resto, não lhe desse o nutriente alimento da ordem, como na guerra da independência, é certo que naufragaria" (RIBEIRO, 2013, p. 365).

96 WEFFORT, *op. cit.*, p. 178.

97 CARVALHO, 1999, pp. 23-4.

a atuação parlamentar de Vasconcelos iria se pautar pelo que ele considerava ser a mais premente necessidade daquele turbulento período de rebeliões: a reconstrução da ordem.[98] Em suas próprias palavras, era chegada a hora de se "parar o carro revolucionário"[99].

No sentido de evitar que as revoltas provinciais desintegrassem o Império, Vasconcelos propôs e passou a liderar um programa de centralização política e administrativa que denominou Regresso.[100] Mais especificamente, visava tal programa a corrigir o que considerava terem sido

[98] MIGNOZZETTI, 2009, p. 49.

[99] *apud* SOUSA, 2015, p. 200.

[100] Lynch insere o Regresso no quadro das viragens conservadoras ocorridas no mundo ibero-americano ao longo da década de 1830, pois assinala que "embora a filosofia do progresso histórico já estivesse consolidada na década de 1830, parte considerável da classe política do mundo ibérico e ibero-americano experimentou por esse tempo uma virada conservadora em matéria de política. Tais setores acreditavam que a orientação intelectual que prevalecera durante o processo revolucionário e ajudara a derrocar o Antigo Regime não se revelara de idêntica utilidade quando se tratou de criar uma ordem constitucional estável. Sob o pretexto de eliminar a fonte do despotismo que oprimia a sociedade — o absolutismo —, o governo acabara tão enfraquecido pelas reformas liberais que se passara a sofrer do mal oposto: a anarquia, por tal entendendo-se a escalada da violência, a impunidade generalizada, rebeliões constantes, quando não a própria guerra civil. Chegara, portanto, o momento de fazer a crítica do liberalismo radical, de índole jusnaturalista, racionalista, universalista e metafísico, para reconhecer o peso das realidades e forjar uma ordem institucional que, fortalecendo o Estado, lhe fornecesse meios de restabelecer a paz, periclitante desde a Revolução. [...] o imperativo de restabelecimento da paz perdida na época pós-revolucionária levou os antigos partidos liberais, que haviam sido responsáveis pela queda do despotismo no mundo ibérico e ibero-americano da década de 1830, a uma crise que terminou quase sempre pela sua cisão. As antigas alas direitas dos partidos liberais, uma vez emancipadas, formaram novas agremiações, de orientação conservadora, cujo propósito declarado era o de fortalecer o poder executivo, a fim de estabelecer um equilíbrio entre os extremos do liberalismo e do absolutismo. Na América Ibérica, era o Chile quem oferecia o exemplo de virada conservadora" (LYNCH, C. E. C. Modulando o Tempo Histórico: Bernardo Pereira de Vasconcelos e Conceito de "Regresso" no Debate Parlamentar Brasileiro (1838-1840). *Almanack*, n. 10, 2015, pp. 315-6.)

excessos descentralizadores estabelecidos pelo Ato Adicional[101] e, consequentemente, restabelecer o quanto possível da "configuração institucional monarquiana"[102] originalmente prevista na Constituição. Eventualmente, o movimento regressista daria origem ao Partido Conservador.[103, 104, 105, 106]

---

101 Lynch assim resume as mudanças propostas pelo programa do Regresso: "frear o avanço das províncias sobre as competências da União; retirar das províncias o controle da polícia e do judiciário de primeira instância, devolvendo-o à União; e, por fim, unificar a cadeia de comando no plano da União, subordinando o Judiciário e o Legislativo ao Executivo" (*Ibid.*, p. 317.)

102 LYNCH, C. E. C. O Conceito de Liberalismo no Brasil (1750-1850). *Araucária*, n. 17, 2007, p. 229.

103 Acerca do Regresso, Lynch destaca "a importância que o movimento teria na criação de um modelo político – saquarema – que logrou institucionalizar-se e garantir a ordem imperial pelos trinta anos seguintes, quando começou a ser desmontado" (LYNCH, 2015, p. 315).

104 Em reação à formação daquele que seria conhecido como o Partido Conservador, os moderados de esquerda adotaram o nome de Partido Liberal. Seria sob esse nome que continuariam a "defender o Ato Adicional, o presidencialismo regencial e a autonomia das províncias". Por sua vez, esse "presidencialismo federalista" seria combatido pelo Partido Conservador, o qual reeditaria "a campanha pelo governo parlamentar" sob um rei constitucional. O advento desses partidos políticos representou um marco na evolução política do jovem Império (LYNCH, 2010, p. 33).

105 Antônio Paim assinala que "durante o Primeiro Reinado havia sobretudo governo e oposição". A partir de 1837, a política do Império se articularia não mais em facções, mas em verdadeiros partidos políticos, cujo processo de constituição, contudo, se entenderia pelas primeiras duas décadas após a Independência. O processo de formação tanto do Partido Liberal como do Partido Conservador atesta terem ambos origem no liberalismo. Como resume Paim: "Na verdade, tanto conservadores como liberais encontram-se nos marcos do liberalismo, isto é, daquela corrente de pensamento político que se bateu pela adoção de uma Constituição e pela eliminação do poder absoluto do monarca" (PAIM, A. *História do Liberalismo Brasileiro*. Instituto de Humanidades, 1998, pp. 57, 73).

106 Longe de representarem conservadores à antiga, apologistas do absolutismo monárquico ou mesmo dos ultramonarquistas que queriam um parlamento com poderes mínimos, os Saquaremas defendiam sim a monarquia, porém vinculada a um

Este se formaria em 1837, ao reunir elementos oriundos dos liberais moderados, como o próprio Vasconcelos, e antigos caramurus. Sob a liderança intelectual do estadista mineiro,[107] os conservadores buscavam restabelecer a ordem e a autoridade. Eventualmente, eles teriam êxito no seu objetivo de paralisar "o impulso quase federalista da Regência"[108].

O Regresso e a concomitante passagem de Vasconcelos para o campo conservador atraíram contra ele acusações de trânsfuga, retrógrado e desertor das causas liberais. À diferença de Burke, contudo, o parlamentar brasileiro jamais fez publicar obra que rebatesse tais acusações. Mas uma passagem particularmente eloquente, ainda que de origem apócrifa,[109] foi celebrizada pela historiografia. Segundo José Murilo de Carvalho, se trataria de uma das "mais famosas, e certamente a mais bem escrita, profissões de fé da história política do Brasil"[110]. Nela, Vasconcelos rebate as acusações e justifica a sua guinada conservadora como um mandamento das circunstâncias. Ele confessa ter deixado de ser liberal, mas não reconhece ter se transformado em conservador. O que admite, de fato, é ter-se tornado um regressista. Mas deixava aberta a possibilidade de retorno ao campo liberal, caso as circunstâncias voltassem a assim o exigir:

> Fui liberal; então a liberdade era nova no país, estava nas aspirações de todos, mas não nas leis, não nas ideias práticas; o poder era tudo; fui liberal. Hoje, porém, é diverso o aspecto da sociedade: os

---

sistema parlamentar vigoroso (HOLUB, 1972, p. 44).

107 WEFFORT, 2006, p. 183.

108 LIMA, O. *Formação Histórica da Nacionalidade Brasileira* [1911]. 3. ed. Prefácios de Gilberto Freyre, E. Martinenche e José Veríssimo. Rio de Janeiro: Topbooks/São Paulo: Publifolha, 2000, pp. 219-20.

109 Por não ter sido possível até hoje determinar a sua origem. Segundo informa José Murilo de Carvalho, os primeiros a citá-la parecem ter sido José Pedro Xavier, em *Ephemerides mineiras*, de 1897, e Joaquim Nabuco, em *Um Estadista no Império*, também de 1897, ambos sem indicar a fonte (CARVALHO, 1999, p. 9).

110 *Ibid.*, p. 9.

> princípios democráticos tudo ganharam e muito comprometeram; a sociedade, que então corria risco pelo poder, corre agora risco pela desorganização e pela anarquia. Como então quis, quero hoje servi-la, quero salvá-la, e por isso sou regressista. Não sou trânsfuga, não abandono a causa que defendi, no dia do seu perigo, de sua fraqueza: deixo-a no dia que tão seguro é o seu triunfo que até o excesso a compromete. Quem sabe se, como hoje defendo o país contra a desorganização, depois de o haver defendido contra o despotismo e as comissões militares, não terei algum dia de dar outra vez a minha voz ao apoio e à defesa da liberdade? Os perigos da sociedade variam: o vento das tempestades nem sempre é o mesmo: como há de o político, cego e imutável, servir o seu país? (SOUSA, 2015, p. 191).

Em que pesem a eloquência e celebridade dessa "profissão de fé"[111], a guinada conservadora de Vasconcelos e o Regresso foram largamente incompreendidos pelos seus contemporâneos, e particularmente pelos liberais. Ainda em fins de 1835, o Regresso já motivava denúncias que lhe imputavam o significado de retrogradação.[112] Quatro anos depois,

[111] CARVALHO, 1999, p. 9.

[112] Desde o início, o termo "regresso" foi tomado no sentido de retrogradação. Ver a respeito a edição 285 (13/10/1835) de *O Sete de Abril*, periódico a serviço da opinião política de Vasconcelos. Duas edições depois, em 20/10/1835, o mesmo *O Sete de Abril* atacava nos seguintes termos Evaristo da Veiga, *publisher* do *Aurora Fluminense*, por este jornal insistir em atribuir ao Regresso significado diverso daquele pretendido pelos seus idealizadores: "Digno é de riso o que diz a Aurora no seu N.° de hontem 1108 sobre Regresso, e pedimos a nossos leitores que leião o citado N.°; elle per si só bastará para convencê-los de que a calumnia, e só a calumnia, é a arma à disposição d'esse homem intrigante e trapaceiro. Quando se trata de interpretar qualquer obra, opinião, systema ou seita, o preceito capital é que às palavras seja dado o sentido do autor e não o que o interprete lhes liga: seja ou não propria a expressão, uma vez que se collige a sua significação ou que o autor a offerece, não póde o interprete, sem faltar à sua missão, ligar-lhe diverso sentido. Póde sim emittir

o programa regressista de Vasconcelos continuava a ser denunciado na Câmara por sua alegada motivação absolutista. Nesse sentido, o destacado deputado liberal Teófilo Otoni afirmou sobre os regressistas: "Não

---

o seu juizo sobre a necessidade do emprêgo da palavra em o novo sentido; póde examinar se necessidade havia da innovação, ou se outra mais expressiva se apresentava ao autor; mas nunca lhe é permittido dar às palavras sentido diverso do em que forão usadas. Este preceito não sofre excepção, é da maior evidencia, e o interprete que o não observa deixa de o sêr [...] Que a palavra Regresso tem tambem accepção de recurso, em que tem sido tomada pelo Sr. Vasconcellos, é coisa que se póde vêr, não só no mesmo Diccionario de Moraes, mas nos Classicos de melhor nota [...] Mas o Sr. Evaristo está destituido de recursos contra seu inimigo, quér apunhalá-lo, quér reduzi-lo a pó. Insiste pois, para conseguir esse fim, em que Regresso é synomimo de Retrogradação, que vale tanto como voltar atraz, e que, por conseguinte, o Sr. Vasconcellos conspira contra a Constituição e a Liberdade. Póde dar-se mais insigne má fé?" (*O Sete de Abril*, edição 287, 20/10/1835). A persistência da incompreensão motivou Vasconcelos, já em 1838, a esclarecer em discurso na Câmara dos Deputados: "Senhores, eu não posso deixar de explicar o sentido em que eu me tenho desvanecido de pertencer ao regresso. Houve tempo em que se julgava que o liberalismo consistia em derrubar tudo quanto nos legaram os nossos antepassados (apoiados); fizeram-se muitas e importantes reformas, e pretendia-se progredir da mesma maneira. Eu entendi então que convinha interpor recurso contra esse prurido de innovar, e empreguei a palavra regresso como synonimo de recurso, ao menos é esta a intelligencia que lhe dão os classicos portuguezes que eu mais considero. Tenho feito por vezes explicação desta palavra, deste systema, que eu considero conter o verdadeiro progresso [...] Digão todos se há razão para estigmatizar o nosso systema. Se o nome é máo, se o nome é odioso, não popular, não duvidaremos abandoná-lo, chamando-o – progresso" (Atas da Câmara dos Deputados [ACD], 12/05/1838). À mesma altura, também *O Sete de Abril* assim rebateu os retinentes críticos ao esclarecer que a palavra "Regresso" deveria ser entendida como sinônimo de recurso: "Regresso é o boi da manta d'esses espíritos mesquinhos, que nas suas iras manifestão o acanhamento de suas idéas e até a ignorancia de nossa classica linguagem! Regresso!... é a voz que o instincto bruto, enfurecido contra a razão que o deslumbra, não póde ouvir sem espumar de raiva!!!... Quantas vezes não tem o Sr. Vasconcellos explicado a accepção em que empregou a palavra — regresso!!... E será possível que os homens que tanto se horrorisão ao ouvir essa palavra ignorem que, em bom portuguez, regresso é synonimo de recurso? que no fallar classico se

se contentam os nobres deputados em querer parar em 1834 [ano do Ato Adicional]; quer se regressar de 1824 [ano da outorga da Constituição Imperial] para trás"[113]. A denúncia do ímpeto supostamente absolutista do Regresso foi ecoada também no Senado, por José Martiniano de Alencar, para quem o sistema de Vasconcelos pretendia "levar as cousas todas ao antigo regime, ao que dominava antes do 7 de abril"[114] [de 1831, data da abdicação de D. Pedro I].

A guinada conservadora de Vasconcelos e o Regresso continuariam a ser mal compreendidos pela posteridade. Não obstante o alargamento da perspectiva histórica, a opinião de Otoni e Alencar permaneceria a acumular adeptos, mesmo em pleno século XX. Até mesmo um historiador do quilate de José Honório Rodrigues (1913-1987) parece ter-se deixado levar pelo equívoco. Segundo ele, o Regresso teria significado não apenas uma ruptura com o constitucionalismo liberal[115], mas um verdadeiro projeto de retorno ao conservadorismo de feitio absolutista:

> Quando Bernardo Pereira de Vasconcelos se autodenominou partidário do regresso, abjurava todo o seu liberalismo anterior e regressava ao absolutismo da pré-independência. Ele fora um dos

diz: — isto é sem regresso, — quando já não ha recurso, quando um mal é sem remedio?!... Não suppômos a ignorancia de taes homens tão profunda, tão crassa, que chegue a ponto de desconhecer coisas que estão ao alcance até do vulgo; antes acreditamos que esse horror que a palavra regresso lhes infunde é fingido, que é um meio a que recorrem para tornar odioso nome de um dos Brasileiros de quem o Paiz mais serviços tem recebido!" (*O Sete de Abril*, edição 561, 21/05/1838).

[113] LYNCH, 2015, p. 318.

[114] *Ibid.*, p. 329.

[115] Também Luaia da Silva Rodrigues partilha dessa opinião, ao afirmar que: "A historiografia vem abordando a vida política de Vasconcelos e, consequentemente, o surgimento do Regresso, a partir da noção de ruptura, como se a partir de determinado momento das regências ele tivesse mudado completamente sua visão da política imperial, o que não é verdade" (RODRIGUES, 2016, p. 30).

> líderes no Parlamento do crescente movimento liberal que levou à abdicação de D. Pedro I e o seu regresso significava não uma normal posição conservadora, mas uma atitude de volta ao domínio absolutista, não constitucional (RODRIGUES, 1988, p. 138).

Ora, diferentemente do que sustentou aquele ilustre historiador, o conservadorismo regressista não foi "uma atitude de volta ao domínio absolutista, não constitucional". Muito pelo contrário, o pensamento político de Vasconcelos, mesmo o regressista, tinha no constitucionalismo um dos seus pilares centrais.[116] Com efeito, uma das monumentais contribuições do estadista mineiro para o sistema político brasileiro originou-se de sua "crença nos benefícios de uma legislatura feita pela maioria do povo"[117], conjugada a uma monarquia contida no quadro de um governo ministerial parlamentar. Ao longo do quarto de século de sua atividade política, ele nunca deixou de defender o modelo da monarquia constitucional; jamais abjurou o constitucionalismo.[118, 119]

É provável que tamanha incompreensão do conservadorismo regressista de Vasconcelos deva-se, ao menos parcialmente, ao fato de ter sido ele um político muito menos doutrinário do que pragmático. Apesar de

---

116 Nesse sentido, Lynch assinala que: "Os defensores do regresso não o apresentavam como a negação do liberalismo, mas como uma correção de rumos destinada a criar, pelo estabelecimento da ordem, as condições necessárias à aclimatação da liberdade no Brasil. Para Vasconcelos e seu grupo, o movimento regressista não se processava contra ou fora do liberalismo, e sim no seu interior e ao seu favor. [...] Por isso, os regressistas não poderiam ser atacados como defensores do absolutismo, sendo tão liberais quanto seus adversários" (LYNCH, 2015, p. 330).

117 HOLUB, 1972, p. 50.

118 WEFFORT, 2006, p. 178.

119 Nesse sentido, Valladão afirma que "Si queria fortificar o poder, não queria, entretanto, Bernardo de Vasconcellos, o arbítrio do poder. Não desapparecia o creador do parlamentarismo no Brasil" (VALLADÃO, A. *Da Aclamação à Maioridade 1822-1840*. 2. ed. São Paulo: Companhia Editora Nacional, 1939, p. 108).

ter trabalhado incansavelmente, jamais escreveu qualquer obra teórica de veiculação das suas ideias regressistas. E, diferentemente de Burke, tampouco publicou textos de fôlego na forma de correspondência, como as *Reflections*, por exemplo. Portanto, o pensamento regressista de Vasconcelos jamais foi sistematizado ou sequer veiculado em textos eruditos ou de ambição doutrinária.

Apesar de lamentável, tal lacuna nada depõe contra a inteligência ou energia do estadista brasileiro. Possivelmente, a maior evidência da extensão das suas capacidades tenha sido a referência de "gigante intelectual" que lhe fez ninguém menos que Joaquim Nabuco (1849--1910).[120] Talvez em virtude da paralisia degenerativa que lhe debilitava o físico e, pode-se argumentar, favorecia o labor mental,[121] ainda enquanto relativamente jovem, o parlamentar mineiro já era um verdadeiro erudito, cujos conhecimentos abarcavam educação, filosofia, política e ciência.[122] [123]

Afortunadamente, o pensamento político de Vasconcelos, sobretudo durante o período regencial, ficou registrado para a posteridade; ainda que sob a forma condensada de artigos jornalísticos publicados em *O Sete de Abril*[124] e discursos parlamentares lavrados nas atas das sessões

---

120 NABUCO, J. Um Estadista do Império. *In*: NABUCO, J. *Joaquim Nabuco Essencial*. Organização e Introdução de Evaldo Cabral de Mello. São Paulo: Penguin Classics; Companhia das Letras, 2010, p. 342.

121 ROCHA, 1999, p. 388.

122 HOLUB, 1972, p. 43.

123 Nesse ponto, cabe assinalar que, para Latino Coelho, os maiores talentos e os mais sábios portugueses da geração de 1823 teriam sido brasileiros: "No fim do século XVIII, e nos primeiros decênios do século XIX — digámo-lo sem vaidade nacional — a maioria dos nossos talentos mais famosos havia tido o seu berço no Brasil". No mesmo sentido, afirma Oliveira Martins que: "Brasileiros eram na maior parte os sábios e literatos portugueses de então" (*apud* VALLADÃO, 1950, p. 163).

124 Segundo Luaia da Silva Rodrigues, apesar das negações de *O Sete de Abril*, Vasconcelos teria sido um dos seus redatores (RODRIGUES, 2016, p. 31).

da Câmara e do Senado imperiais.[125] É sobretudo nessas últimas que pode ser encontrado o seu pensamento conservador regressista. Além da referida erudição, esses discursos — notáveis por serem baseados em notas e econômicos nos floreios e hipérboles típicos da época[126] — permitem entrever, em meio ao "calor da disputa política"[127], um pensamento de viés conservador bastante evocativo daquele de Burke.

Assim como o britânico o fora no Reino Unido, Vasconcelos foi o precursor do conservadorismo moderno no Brasil. O mineiro compõe, junto a Paulino José Soares de Sousa (1807-1866, o Visconde do Uruguai) e José Antônio Pimenta Bueno (1803-1878, o Marquês de São Vicente) — ambos com obras tratadísticas publicadas —, a tríade de expoentes do pensamento conservador no Império.[128] O fato de Vasconcelos compô-la, na ausência de tratado expositivo das suas ideias, bem evidencia o peso da sua atuação política.[129]

Como será visto adiante, o pensamento político regressista de Vasconcelos articulou-se com base em ideias que eram também caras a Burke. Tal articulação teve como objetivo estabelecer uma bússola prudencial que pudesse orientar o processo de mudança em política, particularmente, quando houvesse necessidade de se reformar o Estado em resposta às novas demandas sociais. Argumenta-se que, ao discorrer sobre a necessidade de realização do programa regressista, o parlamentar mineiro teria revelado, ainda que de forma incidental, o seu pensamento sobre o processo de *mudança em política*.

---

125 *Ibid.*, p. 31.

126 HOLUB, *op. cit.*, p. 39.

127 MIGNOZZETTI, 2009, p. 15.

128 *Ibid.*, p. 6.

129 Tanto Uruguai quanto São Vicente expressaram seus pensamentos políticos sob a forma de tratados; ainda que, em rigor, esses tivessem linguagem jurídica, respetivamente, *Ensaio sobre o Direito Administrativo e Direito Público Brasileiro e Análise da Constituição do Império.*

Dentre as ideias articuladas por Vasconcelos, destaca-se o reconhecimento do primado de uma realidade invariavelmente dinâmica. A seu ver, mudanças no panorama político imporiam ao estadista a obrigação de reavaliar a compatibilidade entre suas ideias e a nova realidade.[130] Tal reconhecimento foi a razão de fundo que motivou sua aproximação ao campo conservador, a fim de fundar o Regresso. Segundo ele, a situação política do Brasil, a partir de 1835, seria dramaticamente diversa daquela que fora até então. A eclosão de diversas rebeliões provinciais constituía um fato novo, que ameaçava a integridade territorial do país e, portanto, alterava por completo o seu panorama político. Urgia que o Estado Imperial reagisse. Mas, para tanto, seria antes necessário que se reformasse, que alterasse a sua própria configuração interna. Seria esse um mandamento da realidade, em face do qual Vasconcelos, na qualidade de estadista, entendia não poder ficar inerte.

Proximamente associada ao primado da realidade, está outra ideia igualmente central à reflexão política de Vasconcelos: a recusa à lealdade absoluta a princípios. Para ele, o exagero no apego a princípios, mesmo aquele do progresso, fatalmente conduziria ao abismo.[131] Nesse sentido, argumentou que os princípios deveriam ser renunciados sempre que efetivamente desacreditados pela experiência. Ao argumento que a renúncia a um princípio deporia contra o carácter de um estadista, retrucou que estadista de caráter não seria aquele que "rende culto aos princípios, só por amor aos princípios"[132], mas aquele que teria a coragem de renunciar a seus princípios "em obséquio à verdade"[133].

Por fim, também associada ao primado da realidade está ainda outra ideia cara ao pensamento político regressista de Vasconcelos: o perigo de uma rígida subordinação da política à lógica. Ele se recusava a conceber

130 LYNCH, 2017, p. 336.

131 VASCONCELOS, 1999, pp. 237-8.

132 *Ibid.*, p. 238.

133 *Ibid.*

a política como um conhecimento puramente lógico e exclusivamente principista, na linha dos revolucionários franceses ou mesmo dos liberais mais doutrinários. Considerava que a rigidez lógica dessa concepção conduziria a política a péssimo porto. Nesse ponto, Vasconcelos se amparou expressamente na autoridade de Burke, quando afirmou que:

> A rígida virtude de alguns homens de moral e a lógica que se apoderou de suas cabeças políticas foram as causas que mais influíram nas grandes catástrofes da França durante o reinado da Convenção. O célebre Burke, de que nos deu larga medida o Sr. Visconde de Cairu, e que por isso ninguém tachara de partidista e exaltado, ou de infenso à Monarquia, atribuía todos os erros, todos os absurdos, todos os atentados cometidos na França revolucionária ao predomínio que na política obteve a lógica. Robespierre e outros membros da Montanha não eram muito lógicos? (ASI, 15/5/1844).

Vasconcelos não foi somente o mestre do regime representativo no Brasil e, alegadamente, o seu maior legislador.[134] A grandeza da sua personagem decorre também do seu legado institucional: foi ele também um dos principais construtores do Estado imperial brasileiro. O seu pensamento regressista, articulado com bases nas referidas ideias, quais sejam, a aceitação do primado da realidade; a recusa a uma lealdade absoluta a princípios e o perigo da subordinação da política à lógica, bem como outras que serão sequencialmente abordadas, teve enorme influência na formação do Estado do Segundo Reinado.

---

[134] Sobre a importância de Vasconcelos como legislador, João Camilo de Oliveira Torres assinala que "Raros homens contribuíram tanto como êle para o progresso legislativo do Brasil — devemos-lhe: o Código Criminal do Império, a lei do Supremo Tribunal, o Colégio Pedro II, o Arquivo Nacional, o texto do Ato Adicional, o Conselho de Estado [...] Seus discursos são autênticas conferências" (TORRES, 1968, p. 34).

É razoável afirmar que a manutenção da integridade territorial do Império somente foi possível em razão do fortalecimento do poder central. Sem esse fortalecimento, não teria sido possível ao Estado fazer frente às rebeliões armadas que grassavam nas províncias. E esse robustecimento resultou, sobretudo, das medidas centralizadoras idealizadas pelo Regresso e levadas a cabo pelo Partido Conservador, a partir de 1837.[135] Dito de outro modo, foram as instituições centralizadoras criadas pelo Regresso, uma obra pessoal do estadista mineiro, que conservaram a unidade do jovem país.[136]

Portanto, não foi sem razão que, depois de D. Pedro I e José Bonifácio de Andrada e Silva (1763-1838) — respetivamente, o herói e o patriarca da independência brasileira —, seja Vasconcelos o vulto histórico a quem Otávio Tarquínio de Sousa dedicou o volume III de sua magistral *História dos Fundadores do Império do Brasil.*

---

[135] Segundo João Camilo de Oliveira Torres, Vasconcelos foi a eminência parda do gabinete conservador que realizou o programa do Regresso. Afirma que "os liberais maioristas, alijados subitamente do poder, foram substituídos pelo que havia de mais tipicamente 'saquarema', num governo, aliás, que tinha Bernardo Pereira de Vasconcelos como seu verdadeiro líder. Vasconcelos não participava do governo, mas dirigia toda a política do gabinete, principalmente por intermédio de seu "discípulo político", o visconde de Uruguai que ocupava a Pasta da Justiça" (*Ibid.*, pp. 26-7).

[136] WEFFORT, 2006, p. 183.

2

Realismo

2.1 Primado da realidade

2.1.1 Circunstâncias

Edmund Burke tinha olhos implacáveis. Eram capazes de apreender a complexidade da realidade mesmo quando encoberta por variadas camadas de simplificações teóricas. Segundo George Panichas, o "quadro que obtemos de Burke nunca é unilateral, eclético ou torcido, mas sempre multifacetado e abrangente"[1]. O estadista britânico era um prático indutivo. Seu pensamento partia sempre de uma observação atenta da realidade. Buscava ele assim captá-la fidedignamente e na maior extensão possível. Essa observação fornecia-lhe a matéria-prima da qual extraía os seus princípios.[2] Como se verá adiante, exceto pela prudência, esses jamais se desvinculavam por completo da sua experiência. Por submetido ao primado da realidade, o pensamento burkeano é sobretudo realista.[3] Não buscava mistificar ou simplificar a realidade conforme

---

1 PANICHAS, G. A. A Sabedoria Inspirada de Edmund Burke. *In:* KIRK, R. *Edmund Burke, Redescobrindo um Gênio.* São Paulo: É Realizações, 2016, p. 443.

2 KIRK, 2016, p. 169.

3 Sobre o realismo de Burke, Ivone Moreira observa tratar-se de "uma prioridade ontológica da realidade sobre a sua descrição ideal: a primeira perfeição é expressa pelo existente, no seu acordo harmônico possível, todas as outras formulações da realidade

algum modelo teórico de referência, mas respeitá-la em toda a sua complexidade.

Mais especificamente, na esfera social, essa complexidade resultava, em larga medida, de as múltiplas interações humanas entre os indivíduos, famílias e grupos gerarem incessante atividade. O quadro dessas interações seria não apenas gigantesco, mas também cambiante. Por desconhecer a estática, a realidade social seria essencialmente dinâmica.[4] Burke reconhecia a inevitabilidade desse dinamismo. Diferentemente de um típico reacionário, ele jamais pretendeu congelar os padrões de relação humana, fossilizando-os no estado presente. Sabia tratar-se essa de uma pretensão vã e, portanto, equivocada. Por isso, o seu pensamento político convivia harmonicamente com a dinâmica social, a qual se refletiria na política. Não a rejeitava, mas, bem ao contrário, buscava absorvê-la.

Para além das ações humanas, segundo Burke, o dinamismo da realidade seria impulsionado por uma força adicional: a variação no seu quadro circunstancial. O estadista *whig* tratava as circunstâncias com deferência. Seriam irrefreáveis, infinitamente combináveis, além de variáveis e passageiras,[5] determinadas pela sorte e essencialmente imprevisíveis. Permanentemente sujeitas a alteração,[6] poderiam a qualquer momento perturbar um dado padrão de regularidade nas ações humanas.[7] Assim, o parlamentar britânico via-as como mais incertas, obscuras e dificilmente determináveis do que se poderia supor.[8] Diante dessa

---

podem ser dotadas de perfeição abstracta mas carecem de existência, a qual exprime um grau mais elevado de perfeição que as conjecturas abstractas" (MOREIRA, 2012, p. 279.)

4 LEVIN, *op. cit.*, p. 9

5 MANSFIELD JR., 1987, p. 691.

6 *Ibid.*

7 *Ibid.*, pp. 692-3.

8 BURKE, E. Letters on a Regicide Peace. *In:* BURKE, E. *Select Works of Edmund Burke. A New Imprint of the Payne Edition.* Vol. 3. Prefácio e Nota Biográfica por Francis Canavan. Indianapolis: Liberty Fund, 1999a, p. 63.

natureza indomável e elusiva, Burke recomendava que as pretensões humanas não resistissem às circunstâncias, mas que, sempre que possível, buscassem com elas guardar conformidade.[9]

Mais fácil dito do que feito, sobretudo na esfera da política. A radical inconstância do quadro circunstancial constituiria um formidável obstáculo a qualquer planejamento. Burke sabia que a variabilidade das circunstâncias dificultaria a predeterminação dos resultados de qualquer ação política.[10] Mas não apenas isso. Haveria uma dificuldade até mais básica: a variação das circunstâncias dificultaria a própria determinação do conteúdo axiológico e alcance dos princípios norteadores da ação política. Pois, a despeito do seu significado abstrato, seriam as circunstâncias da realidade que confeririam a cada princípio a sua cor e efeitos característicos.[11] Ou seja, enquanto um determinado princípio — a liberdade, por exemplo — fosse tomado apenas em seu significado abstrato, tal qual compreendido pelos diferentes léxicos ideológicos, seus efeitos e cor permaneceriam ao menos parcialmente indistintos. Nesse sentido, o estadista britânico considerava que debater um princípio, tomado puramente em abstrato, não passaria de uma insensatez. Pois, no exemplo em questão, a liberdade de fato, tal qual efetivamente existente na realidade, dependeria sempre das circunstâncias em que ela fosse experimentada em concreto.[12]

Por serem as circunstâncias determinantes sobre os resultados das ações políticas, bem como sobre a real cor e efeito dos seus princípios norteadores, Burke recomendava que fossem a base de todas as ações

---

[9] BURKE, 1999b, p. 287.

[10] BURKE, E. Thoughts on French Affairs. *In:* BURKE, E. *Further Reflections on the Revolution in France.* Editado por Daniel E. Ritchie, Liberty Fund, Indianapolis, 1992f, p. 254.

[11] MANSFIELD JR., *op. cit.*, pp. 692-3.

[12] BURKE, 1999b, p. 152.

programáticas.[13] Com efeito, um programa político responsável jamais poderia ser elaborado puramente em abstrato, sem uma criteriosa consideração do seu quadro circunstancial, tanto de elaboração quanto de execução.[14] Ademais, o estadista *whig* sabia que a realização de um programa político formulado integralmente *in abstracto* costumava produzir resultados deficientes.[15] Para ele, os programas deveriam ser formulados diretamente a partir da experiência da própria realidade, e não de teorizações sobre conceitos especulativos dela abstraídos.[16, 17, 18]

Se é assim no tocante ao planejamento de uma ação política, o mesmo valeria para a avaliação dos seus resultados. Em um nível mais basilar, não o das ações, mas o dos próprios regimes, Burke sustentava que os juízos sobre uma ordem política, fossem positivos ou negativos, jamais poderiam se embasar em princípios exclusivamente teóricos. Ou seja, um tal juízo nunca poderia prescindir da consideração das circunstâncias

---

13 Isso não significa, contudo, que a ação política pudesse prescindir de princípios. Segundo J. P. Coutinho, para Burke, a "dimensão mais pragmática não deve colidir, com princípios que são anteriores, e até superiores, aos pragmáticos da governação" (COUTINHO, 2017, p. 24).

14 COUTINHO, 2014, pp. 44-5.

15 BURKE, E. A Letter to a Member of The National Assembly. *In:* BURKE, E. *Further Reflections on the Revolution in France.* Editado por Daniel E. Ritchie. Indianapolis: Liberty Fund, 1992a, p. 65.

16 Um exemplo de ação política desastrada, por ter sido determinada sem consideração das circunstâncias temporais, geográficas ou conjunturais, foi, para Burke, a convenção dos Estados Gerais da França em 1789 (BURKE, 1992a, p. 65).

17 *Ibid.*, p. 63.

18 Nesse sentido, Ivone Moreira assinala que, para Burke, "o que está em causa na acção governativa é saber responder a necessidades humanas e essa resposta não é uma resposta teórica, mas uma preocupação prática que deve escolher o que é mais conveniente em cada momento" (MOREIRA, 2012, p. 249).

concretas do regime em questão.[19,20] Aos seus olhos, seriam essas que, no fundo, determinariam se aquela ordem política seria benéfica ou não.[21] Nesse sentido, cabe notar que Burke jamais defendeu ou repudiou um modelo qualquer de Estado, fosse monárquico ou republicano, quando tomado puramente *in abstracto*. Pois reconhecia que os fatores que determinariam se um modelo seria de fato superior ao outro seriam, em cada caso, os hábitos e as circunstâncias particulares de cada país.[22] Por isso, sustentava que a forma de governo de uma nação deveria ser uma função das suas circunstâncias e modos de vida, e que, caso essas viessem a mudar, a forma de governo deveria igualmente mudar, a fim de manter-se em conformidade com aquelas.[23] Para Burke, as características de uma ordem política virtuosa variariam em função das circunstâncias do país em questão.[24] Não surpreende, portanto, que ele rejeitasse as pretensões universalistas de ideologias ou doutrinas associadas às diferentes versões de filosofias da história.[25]

Tal qual Burke, Vasconcelos também foi um realista atento às circunstâncias. O realismo constitui, alegadamente, um dos traços fundamentais do seu pensamento político. Curiosamente, a manifestação

---

[19] Burke concebia esse mandamento de forma até mais ampla e para além da política: sustentou ele que uma opinião sobre qualquer assunto humano jamais seria razoável se o abstraísse de suas circunstâncias (BURKE, 1999b, p. 93).

[20] *Ibid.*, p. 224.

[21] *Ibid.*, p. 93.

[22] BURKE, 1992c, p. 114.

[23] MANSFIELD JR., 1987, pp. 697-8.

[24] BURKE, 1992c, p. 82.

[25] Nesse sentido, Mark Lilla afirma que: "Conservadores como Edmund Burke rejeitavam o radicalismo da Revolução, mas especialmente o mito histórico que posteriormente se desenvolveu em torno dela. Burke considerava que a ideia de história como uma força impessoal que nos conduz a destinos fixos era tanto falsa quanto perigosa, pois poderia ser usada para justificar crimes em nome do futuro" (LILLA, M. *A Mente Naufragada, Sobre o Espírito Reacionário*. Tradução de Clóvis Marques. Rio de Janeiro: Editora Record, 2018, p. 11).

primeira do realismo do estadista brasileiro é, à semelhança do seu congênere britânico, o reconhecimento da inevitabilidade do dinamismo na esfera social. Nesse sentido, Vasconcelos concebeu o movimento como um dado da realidade, pois, segundo afirmou, "tudo muda em torno do homem"[26]. Sob essa ótica realista, a mudança seria algo natural e essencial à realidade, a qual "não cabe ao homem evitar"[27]. Em vez de lutar contra o constante movimento da realidade social, deveria a política buscar absorvê-lo.

Essa perspectiva sobre a realidade tinha reflexos sobre o pensamento político de Vasconcelos. É sobretudo em razão do irremediável dinamismo social que ele entendia que "nenhuma instituição, em qualquer país, pode ser imutável"[28]. Assim, o movimento seria para ele uma condicionante também na esfera da política. A seu ver realista, essa seria antes ontológica que deontológica, uma vez que "todas as instituições humanas estão sujeitas ao império da necessidade".[29] A política não teria por objetivo a formulação abstrata de modelos teóricos de perfeição, com pretensão à validade universal; mas o oferecimento de respostas viáveis às sempre variáveis demandas da realidade. Para tanto, deveria responder às alterações circunstanciais nas ideias, sentimentos e interesses do corpo social.

Assim, à semelhança de Burke, Vasconcelos também admitia que o campo da ação política seria fortemente determinado pelas suas circunstâncias.[30] Por isso, o brasileiro rejeitava a política de caráter ideológico, baseada em princípios pretensamente gerais, abstratos, constantes

---

[26] ASI, 22/07/1839.

[27] ASI, 06/07/1841.

[28] *Ibid.*

[29] ASI, 06/07/1841.

[30] ASI, 25/05/1839.

e universais.[31] Nesse sentido, ele afirmou não ser ele próprio um "advogado de proposições gerais"[32]. Muito pelo contrário, admitia-se um "apaixonado pela bula das circunstâncias"[33]. Apesar dessa paixão, Vasconcelos sabia que, por vezes, essas circunstâncias poderiam revelar-se desafiadoras. Elas frequentemente restringiriam o campo de ação política a ponto de, por vezes, sobrar ao estadista escassa margem de decisão. Ainda no início de sua carreira de deputado, ao argumentar sobre a impossibilidade de uma dada iniciativa legislativa, afirmou que à política importava não o ideal, mas apenas o que as circunstâncias permitiriam:

> Não se vê que o princípio, a que agora devemos atender, é tão-somente a forças das circunstâncias? Para que havemos de questionar sobre o que é melhor fazer-se, se o aperto das nossas atuais circunstâncias só nos faculta indagar o que se pode fazer? (VASCONCELOS, 1999, p. 121).

De fato, por valorizar a bula das circunstâncias, Vasconcelos nutria em relação à política esperanças meramente corretivas e jamais utópicas. Essencialmente prático, ele se importava com o diagnóstico e o

---

[31] Tal posição afastava Vasconcelos dos liberais como Feijó, para quem haveria regras imutáveis, universais e eternas de moral política. Lynch assinala que, em razão de tal divergência, "Feijó dirigia a Vasconcelos a crítica que Kant fizera a Hume: o chefe regressista lhe parecia 'um perfeito incrédulo em política'" (ASI, 29/05/1839 *apud* LYNCH, 2015, p. 328). Ainda segundo Lynch, essa crítica de Feijó era ecoada por outros políticos liberais: "O senador Costa Ferreira também o acusava [Vasconcelos] de ser uma 'arteira personagem', um 'cigano político', 'hábil atleta' que fazia do preto, branco" (ASI, 14/05/1839 *apud* LYNCH, 2015, p. 328) e "o deputado Francisco Montezuma, futuro Visconde de Jequitinhonha, também acusava Vasconcelos de se orientar conforme os exemplos de Calígula e de Maquiavel que, 'para governar, ao amor preferem o medo'" (ACD, 04/07/1838 *apud* LYNCH, 2015, p. 328).

[32] ASI, 07/05/1840.

[33] ASI, 27/06/1840.

tratamento dos problemas sociais, mas nunca no nível da generalidade. Segundo tal visão, um estadista deveria dedicar-se aos problemas particulares ao seu país e época, com vistas à sua possível solução. Nesse sentido, o parlamentar regressista concebia

> o legislador como um médico, e o país como um doente; o país tem uma enfermidade grave, vem o médico, receita, faz a lei; ora, nesta receita ele deve consultar as circunstâncias do doente, as complicações da enfermidade, a sua constituição; e, se é um médico sábio e prudente, não aplica para todas as moléstias sempre os mesmos remédios, sem consultar as circunstâncias do doente (ASI, 01/07/1840).[34]

Ele desaprovava o procedimento alternativo, qual seja, o preventivo, por esse partir menos da realidade que da especulação. As necessidades do país, à luz das suas circunstâncias, é que deveriam ser a real mestra da política. O estadista deveria ser somente um seu criado. Não caberia ao governo, portanto, avançar visões grandiosas nem buscar remediar necessidades apenas supostas. Isso seria "em vez de um bem, fazer um mal ao país"[35]. A ação política deveria ser predicada não em especulações conceituais, mas na realidade da experiência. Sobre esse

[34] Curiosamente, Burke também utilizou linguagem médica. Apenas que, na metáfora criada pelo britânico, o doente é levado a óbito em consequência do péssimo tratamento por um médico absolutamente seguro do remédio milagroso da revolução: "*The nation is sick, very sick, by their medicines. But the charlatan tells them that what is past cannot be helped; they have taken the draught, and they must wait its operation with patience; that the first effects indeed are unpleasant, but that the very sickness is a proof that the dose is of no sluggish operation; that sickness is inevitable in all constitutional revolutions; that the body must pass through pain to ease; that the prescriber is not an empirick who proceeds by vulgar experience, but one who grounds his practice on the sure rules of art, which cannot possibly fail*" (BURKE, 1992a, p. 34).

[35] ASI, 25/06/1841.

ponto indagou: "de que serve fazermos leis sem que as circunstâncias do país as exijam? Sem que sejam adequadas ao estado em que nos achamos?"[36].

Portanto, para Vasconcelos, a finalidade primeira de uma ação política deveria ser responder às reais necessidades do país. No seu entender, as leis deveriam corresponder às demandas sociais. Deveriam ser, em suas palavras "a expressão das necessidades dos povos"[37]. O objetivo de fundo do seu Regresso era este: harmonizar as instituições e leis "com os sentimentos, com as ideias, com os interesses, e até com os prejuízos do país"[38]. Nesse sentido, aos que o acusaram certa vez de defender um projeto de lei que, alegadamente, criava uma polícia que ressuscitava aquela do Marquês de Pombal, ele rebateu afirmando que, caso tal acusação fosse de fato verdadeira, ele teria se oposto ao projeto "porque não dava ao País a Polícia de que ele precisa".[39] O parlamentar mineiro defendia que a polícia brasileira deveria ser aquela "reclamada pelas circunstâncias" particulares do Brasil.[40]

Assim, resta claro que, de forma muito semelhante a Burke, Vasconcelos também entendia que a base de qualquer ação política deveria ser o conjunto circunstancial. Ele buscou construir uma ordem política em que não apenas "todas as instituições"[41] estivessem "em harmonia com as ideias, com as necessidades do país"[42], mas, particularmente, uma em que as leis estivessem em harmonia com tais necessidades. Em sua "Carta aos Eleitores da Província de Minas Gerais", de 1827, ele já escrevia que "as leis devem ser acomodadas às circunstâncias das nações

36 ASI, 25/06/1841.
37 ASI, 08/08/1843.
38 ASI, 23/05/1844.
39 ASI, 19/06/1840.
40 *Ibid.*
41 ASI, 14/05/1844.
42 *Ibid.*

para que são feitas"[43], pois mesmo "as medidas mais aprovadas em teoria"[44] poderiam se revelar, na prática, inúteis ou até prejudiciais.

O realismo de Vasconcelos tinha, ademais, uma importante dimensão epistemológica. A criação de uma ordem política que respondesse às necessidades circunstanciais do Brasil — um peculiar império no Novo Mundo — dependeria de conhecimento da sua particularíssima realidade social. Daí a importância que o estadista brasileiro atribuía ao exame das instituições, ideias, circunstâncias e necessidades do seu país.[45] Para se governar, era antes necessário conhecer a fundo a nação a ser governada. Com esse intuito em mente, Vasconcelos preocupou-se em acumular e reciclar o seu conhecimento sobre o Brasil. Afirmou certa vez: "estudo as necessidades do país; não digo que tenho a ventura de as apontar, de as conhecer sempre bem, mas julgo que é meu dever este trabalho; estudo as necessidades do país, trato de as satisfazer".[46]

Conforme referido, foi essa preocupação que o motivou, ainda em seu primeiro mandato legislativo[47], a propor que, tal qual no Reino Unido, os ministros pudessem ser convocados a prestar esclarecimentos à Câmara dos Deputados. Mas não se tratava de uma imitação inspirada pelo amor ao exemplo europeu. Tratava-se de um meio concreto de os deputados obterem tais "indispensáveis conhecimentos"[48] junto aos agentes do poder Executivo.

Segundo o estadista mineiro, a política do Brasil deveria refletir as circunstâncias da nação. Quando não existisse correspondência entre

---

[43] VASCONCELOS, 1999, p. 68.

[44] *Ibid.*, p. 68.

[45] ASI, 10/10/1839.

[46] ASI, 12/07/1839.

[47] Posteriormente, Vasconcelos mudaria de opinião. Já quando da redação de sua "Carta aos Eleitores da Província de Minas Gerais", defendia ele a presença dos ministros somente nas discussões do orçamento, e que a prática inglesa não deveria ser adotada no Brasil (VASCONCELOS, *op. cit.*, p. 69).

[48] *Ibid.*, p. 68.

as instituições e as circunstâncias do país, ou mesmo quando, em razão da dinâmica social, tais instituições deixassem de satisfazer as suas reais necessidades, os resultados seriam deploráveis. Para Vasconcelos, o divórcio entre a política e a realidade seria a marca do mau governo e, consequentemente, a causa das revoluções. Era este o seu diagnóstico acerca das repúblicas latino-americanas, que haviam copiado ou imitado a Constituição norte-americana: tal documento, por motivos óbvios, não lograva satisfazer as necessidades daquelas jovens repúblicas da América do Sul, cujas circunstâncias históricas, econômicas, geográficas e políticas eram, via de regra, inteiramente diversas daquelas dos Estados Unidos da América. Nesse caso, Vasconcelos entendia que as consequências desse divórcio entre a ordem política e as necessidades sociais seriam "guerras sobre guerras"[49]; a "aniquilação de países"[50] ou a "necessidade de alguns submeterem-se a um governo duro, despótico como meio de salvação"[51].

A fim de evitar tal divórcio entre a política e a realidade social, Vasconcelos usualmente se opunha à transposição das leis e instituições de um país para outro. Nesse sentido, afirmou que "a legislação de um país não pode ser transportada para outro, senão em circunstâncias raríssimas"[52, 53]. Devido às particularidades circunstanciais de cada país, "a experiência de outras nações não pode ser guia segura"[54]. Por isso, ele defendeu não ser recomendável a um legislador "decretar instituições

---

[49] ASI, 08/08/1843.

[50] *Ibid.*

[51] *Ibid.*

[52] A título de exemplo, lembre-se o caso da elaboração dos estatutos do Colégio Pedro II. Para tanto, Vasconcelos afirmou ter consultado "os estatutos do Colégio de Prussia, Allemanha e Hollanda, e o systema de educação adoptado por Napoleão em 1801" o qual foi selecionado como modelo por ter parecido a Vasconcelos o mais apropriado às circunstâncias brasileiras (ASI, 10/10/1839).

[53] ASI, 19/06/1840.

[54] VASCONCELOS, 1999, p. 72.

para o país, só porque elas são admitidas em países civilizados, só porque estão de acordo com as luzes do século XIX"[55]. Em vez disso, sustentou o contrário: que se deveria "harmonizar quanto possível nossas instituições com o nosso estado"[56].

Imbuído desse entendimento, Vasconcelos pretendia que o Brasil realizasse a monarquia constitucional representativa, a qual ele considerava, com provável exagero retórico, "a instituição mais maravilhosa do gênero humano"[57]. Mas, para tanto, não bastaria a mera transposição ao Brasil dos modelos de constitucionalismo existentes na Europa. Pelo contrário, o estadista mineiro defendia que, uma vez passados ao Brasil, tais modelos fossem *tropicalizados*. Ele queria que o Império realizasse a monarquia constitucional de forma própria, segundo as suas próprias necessidades[58] e "não segundo as ideias do século XIX na França, na Bélgica, na Espanha ou em outros países da Europa"[59].

A *tropicalização* se aplicaria não apenas às leis e instituições, mas valeria igualmente para os princípios que as informassem. Nesse sentido, se Vasconcelos admitia nortear a sua ação política pelos princípios pelos quais se dizia apaixonado, especificamente "Deus, trono e liberdade"[60], tal orientação não tomava esses princípios em abstrato; interpretava-os conforme as "luzes do século XIX"[61] e, sobretudo, o estado em que se encontrava o Brasil.

E, nos casos em que se considerasse a adaptação inconveniente ou impossível, seja por incompatibilidade essencial ou qualquer outro

---

[55] ASI, 23/05/1844.

[56] *Ibid.*

[57] *Ibid.*

[58] Segundo Vasconcelos, tais necessidades eram de uma monarquia forte, pois, para ele "a monarquia no Brasil deve ter muito vigor para que possa proteger-nos" (ASI, 23/05/1844).

[59] *Ibid.*

[60] ASI, 22/05/1844.

[61] ASI, 23/05/1844.

motivo, o apelo da transposição daquela instituição, princípio ou lei ao Brasil ficaria prejudicado. Ilustrativa dessa hipótese foi a consideração do idealizador do Regresso acerca dos exemplos da Inglaterra.[62] Ele afirmou que, embora fossem "dignos de ser meditados"[63], em razão de ser a Constituição inglesa composta por regras "sancionadas por séculos"[64], nem mesmo isso poderia compensar o fato de que a aquela Constituição teria uma organização muito discrepante da realidade brasileira, razão pela qual seus exemplos não seriam necessariamente aplicáveis ao Brasil.[65]

As circunstâncias geográficas, contudo, não esgotavam o rol das condições necessárias à transposição de uma lei, instituição ou princípio a outro país. Segundo Vasconcelos, haveria também de ser considerada a circunstância histórica. Tampouco poderiam ser transpostas para um país as práticas e instituições de outras épocas, pois "cada época requer suas instituições próprias"[66]. Mesmo no presente, estava ele ciente de que "há épocas em que imperam certas doutrinas tão absolutamente"[67] que essas seriam acolhidas acriticamente, sem uma avaliação de sua compatibilidade com o conjunto circunstancial do país.[68] Por-

62 Não obstante considerasse serem as circunstâncias da Inglaterra completamente diversas das brasileiras, Vasconcelos admirava a liberdade dos ingleses, sobre a qual afirmou: "não está em pergaminho; não está em papelzinhos, está nos costumes do país". No entender de Vasconcelos, enquanto "as liberdades inglesas são necessidades, estão conhecidas", as do Brasil seriam ainda precárias, dado que o governo brasileiro não estava "completamente organizado" e ainda lhe faltava "alguma coisa". Relativamente à Inglaterra, notava ele faltar ao Brasil "uma monarquia constituída com o a inglesa", "uma aristocracia que ainda povo nenhum pôde imitar" e "os costumes da Inglaterra, que não são costumes de hoje, mas de séculos" (ASI, 14/05/1844).

63 ASI, 18/10/1839.

64 *Ibid.*

65 *Ibid.*

66 ASI, 20/06/1840.

67 *Ibid.*

68 *Ibid.*

tanto, Vasconcelos recomendava atenção para que o estadista não se deixasse levar pelo *Zeitgeist*, tanto do presente quanto de épocas passadas. Não haveria garantia alguma de que, apenas por ser filha do espírito do tempo, a instituição, lei ou princípio seria compatível com as circunstâncias da nação.

Fossem as circunstâncias geográficas ou históricas, em qualquer dos casos, a lição a ser observada seria rigorosamente a mesma: o único método seguro para se transpor uma instituição, lei ou princípio seria aquele que principia pelo estudo da realidade do país, de suas circunstâncias, a fim de neles perceber as demandas reais a serem satisfeitas.[69] Afinal, o estadista brasileiro reconheceu ser um dado da realidade que "as instituições são próprias do lugar e do tempo"[70], pelo que "devem ser acomodadas são só aos povos, como também às épocas"[71], pois "cada época tem sua necessidade apropriada"[72].

Em resumo, é possível sustentar que todo o pensamento político de Vasconcelos se desenvolveu a partir da necessidade de "obedecer ao império das circunstâncias"[73], pois entendia ele que

> o homem político deve satisfazer as exigências do tempo, dos lugares; deve obedecer ao império das circunstâncias, circunstâncias legítimas, e que justifiquem esta obediência. O homem político não pode ser inflexível: quem quer servir ao país deve acomodar-se ao estado social, ressalvado sempre sua lealdade pátria (ASI, 01/07/1841).

---

[69] ASI, 23/05/1840.

[70] ASI, 03/07/1840.

[71] *Ibid.*

[72] *Ibid.*

[73] ASI, 01/07/1841.

2.1.2 Natureza humana

O realismo burkeano não se esgotou na constatação da centralidade das circunstâncias para a ação política; manifestou-se, igualmente, em sua concepção de natureza humana. Se Burke divisou uma realidade social em constante mutação, sua visão da natureza humana era diametralmente oposta: por invariável ao longo do tempo,[74] via-a como uma constante e, portanto, como algo permanente.[75] Para além dessa imutabilidade, o estadista britânico reconhecia na natureza humana uma amplitude maior do que era usual ao Iluminismo francês. Por isso, atribuiu a peculiar "loucura metafísica"[76] dos *philosophes* à fabulosa incompreensão que teriam daquela.[77, 78] Comparativamente aos iluministas franceses, o parlamentar *whig* concebia uma natureza humana mais complexa, que ultrapassaria o âmbito restrito da razão.[79] [80] Segundo Burke, para além das faculdades racionais e emotivas referidas pela usual dicotomia razão/emoção, a alma das pessoas comportaria também disposições, interesses e simpatias. A aceitação

---

74 MOREIRA, 2012, p. 53.

75 KIRK, 2016, p. 302.

76 *Ibid.*, p. 288.

77 *Ibid.*

78 FEULNER, 2016, p. 420.

79 MOREIRA, 2012, p. 385.

80 Em rigor, segundo Ivone Moreira, Burke "distingue a existência de dois tipos de razão — a expressão é sua: por um lado, uma razão operativa científica e instrumental, adequada para comprar e vender, estudar gramática e aritmética, mas completamente inadequada para se aplicar ao estudo da política, da moral ou da religião. A razão operativa é adequada a um objecto delimitado e sempre idêntico. Por outro lado, reconhece que há também 'uma razão vasta e compreensiva' que se aproxima do 'entusiasmo' e que é adequada para pensar a política e a religião, pela sua capacidade para abarcar um objecto amplo e variável" (*Ibid.*, p. 385).

da imutabilidade e complexidade da natureza humana constitui uma segunda dimensão do realismo burkeano.[81]

Para além de determinada pelas circunstâncias, a política deveria ser também adequada a essa humanidade[82] simultaneamente fixa e complexa.[83] A importância dessa adequação foi o que motivou a denúncia da vanidade do projeto jacobino de criação do *nouveau Adam* — um novo homem (em uma nova sociedade).[84] Por conceber o feitio humano como algo permanente, Burke considerava ser o projeto de criação de um novo homem não apenas impossível, mas um verdadeiro delírio metafísico. Em razão disso, criticou os *philosophes* por abraçarem teorias abstratas acerca dos alegados *droits de l'homme*. Segundo Burke, em vez de tanto especular sobre abstrações, os *philosophes* deveriam se atentar mais à observação da natureza das pessoas, de forma a percebê-la tal qual seria de fato, e, especificamente, às disposições do "homem em concreto"[85].

---

[81] A vastidão da conceção burkeana de natureza humana é também sustentada por J. P. Coutinho, segundo o qual Burke esposaria "uma dupla conceção de natureza humana"; a primeira de cunho universal, que corresponderia a "um mínimo moral que a ação política deve necessariamente respeitar", e a segunda de cunho histórico, que "emerge em circunstâncias particulares, num contexto de tradições, valores e instituições" (COUTINHO, 2017, pp. 63-6).

[82] BREDVOLD, L. I. *The Brave New World of the Enlightenment*. Ann Arbor: University of Michigan Press, 1961 *apud* KIRK, 2016, p. 303.

[83] Sobre a ideia de que a política deve estar fundamentada sobre a conveniência e a natureza humana, Ivone Moreira assinala que Burke, "ao afirmar como fundamento do governo a conveniência política, e ao recusar fundá-lo nos direitos do homem, poder-se-ia julgar encontrar aqui a confissão de uma base estritamente utilitária para o governo". No entanto, Moreira considera que as interpretações puramente utilitaristas de Burke são problemáticas na medida que, por não serem capazes de acomodar muitas de suas afirmações acerca dos princípios de direito natural, o retratariam como um autor incoerente (MOREIRA, 2012, pp. 265; 388).

[84] KIRK, *op. cit.*, p. 302.

[85] "*man in the concrete*" (BURKE, E. Letter to Charles-Jean-François Depont. *In:* BURKE, E. *Further Reflections on the Revolution in France*. Editado por Daniel E. Ritchie. Indianapolis: Liberty Fund,1992d, p. 13).

Como um psicólogo *avant la lettre*,[86] Burke mergulhou fundo na natureza humana, a fim de investigar as referidas disposições do "homem em concreto". E quando emergiu das suas profundezas, não trouxe consigo quaisquer ilusões racionalistas. Assim como fizera seu amigo Adam Smith,[87] Burke reconheceu a força dos interesses e a dominância das paixões, inclusive os sentimentos morais, sobre os apelos da razão abstrata.[88] Nesse sentido, admitiu que as ações das pessoas costumavam ser motivadas mais por interesse próprio do que por especulações metafísicas amparadas numa suposta prescrição geométrica dos argumentos morais.[89] [90] Para o parlamentar britânico, enquanto os interesses tenderiam a prevalecer sobre os acordos formais, ambos tenderiam a ser subjugados pela força das paixões. Consequentemente, se, na esfera privada, a dependência de acordos seria sempre algo precária (por vulnerável aos interesses), na esfera da política, por sua vez, a solidez de um regime dependeria do seu êxito em conquistar o coração e a simpatia da população.[91] Tal simpatia, por sua vez, seria, em larga medida, função das afinidades intelectuais e afeições eletivas.[92]

---

86 MOREIRA, *op. cit.*, p. 383.

87 Na célebre frase constante em *The Wealth of Nations*: "*It is not from the benevolence of the butcher, the brewer, or the baker that we expect our dinner, but from their regard to their own interest*".

88 Para Ivone Moreira, o fato de Burke reconhecer dimensões humanas para além da racionalidade, tais como o hábito e os sentimentos, não significa que essas fossem não racionais, pois estariam compreendidas na esfera de uma racionalidade mais ampla (MOREIRA, 2012, p. 45).

89 KIRK, 2016, p. 204.

90 Ivone Moreira afirma que Burke "gosta de sublinhar que a razão não é a única faculdade que guia as acções humanas e que, muitas vezes, nem é sequer a faculdade dominante" (MOREIRA, 2012, p. 55).

91 BURKE, 1999a, p. 132.

92 *Ibid.*, p. 210.

Diferentemente de Burke, Vasconcelos parece ter se abstido de abordar o tema da natureza humana. A julgar pelos discursos do estadista mineiro, seu pensamento aparenta não possuir sequer os contornos gerais do conceito, pelo que essa pode ser considerada uma lacuna. Contudo, prolixo como foi Vasconcelos, ele não deixou de registar em seus discursos algumas raras impressões a respeito do tema, ainda que essencialmente insubstanciais. Com efeito, ele manifestou o que pode ser interpretado como uma visão realista, por também reconhecer a primazia dos interesses na psicologia humana. Ainda em 1827, em sua "Carta aos Eleitores da Província de Minas Gerais", afirmou que seria o interesse "a mola real do coração humano"[93]. Tal primazia teria um importante reflexo prático: os interesses seriam também o elemento determinante às transações humanas, sem os quais um acordo formal não subsistiria. Nesse sentido, afirmou:

> Todas as alianças que são feitas por interesses subsistem com muita força enquanto os interesses podem ser atendidos, mas logo que eles perdem toda a esperança, o rompimento é infalível, e muito duradouro, ou eterno; um muro de bronze se ergue logo entre os aliados, e segue-se depois uma guerra implacável (ASI, 27/09/1848).

Para além de reconhecer a predominância dos interesses na psicologia humana, na referida passagem, o parlamentar regressista também sugeriu que a frustração de tais interesses seria sucedida por paixões negativas. Ainda que muito incipiente, trata-se de uma visão essencialmente trágica, e por isso mesmo realista (no sentido de não idealista), senão da natureza humana, ao menos do seu componente psicológico.

93 VASCONCELOS, 1999, p. 116.

2.1.3 Imperfeição

O realismo burkeano tem ainda uma terceira dimensão: o ceticismo diante da possibilidade de perfeição em política.[94] Mas Burke não foi um cético ordinário. O seu realismo foi mais além do que a simples denúncia de delírios utopistas: chegou ao extremo de reconhecer valor na imperfeição — e a defender que ela fosse tolerada, sob pena de a política degenerar-se em fanatismo. Portanto, a crítica burkeana do utopismo não se esgotou na constatação da sua vanidade. Abrangeu igualmente a denúncia dos perigos nele latentes.

Para Burke, a perfeição abstrata de uma ordem política seria, na prática, um defeito.[95] De forma contraintuitiva, a imperfeição de um regime deveria ser percebida como algo benéfico.[96] Mas não se tratava tal posição de um elogio à mediocridade, senão de uma forte suspeição ao perfeccionismo. Tentativas de se elevar a realidade ao padrão da perfeição teórica apresentariam elevado risco de produzir males concretos.[97] O maior desses, como demostraram os revolucionários franceses, seria particularmente nefasto: a violência que se autoconsidera moralmente justificada. Segundo Russell Kirk, o estadista britânico teria captado à perfeição o perfil do ideólogo que, em nome de um futuro radiante e perfeito, acha-se justificado a cometer as maiores atrocidades no presente.[98] Burke percebeu que a violência decorrente das tentativas de se realizar a perfeição terrena seria particularmente terrível, pelo que deveria ser evitada a todo custo. Um meio para tanto seria a tolerância de um coeficiente de imperfeição na política.

---

94 MOREIRA, 2012, p. 120.

95 KIRK, 2016, p. 296.

96 MOREIRA, *op. cit.*, p. 267.

97 BURKE, 1992d, p. 15.

98 KIRK, *op. cit.*, p. 332.

Os males decorrentes do perfeccionismo político, contudo, não se traduziriam todos em banhos de sangue. Uma sua segunda consequência seria exangue, mas tampouco deixaria de ser nociva: a barragem de melhoramentos incrementais às instituições estatais. O perfeccionismo revolucionário, tipicamente impaciente e grandiloquente, tenderia a ser pouco criterioso na avaliação dos problemas que afligem as instituições, preferindo as reformulações gerais e imediatas às correções pontuais e oportunas. Assim, não apenas deixaria de corrigir o problema inicial, como tenderia a criar adicionais. Longe de serem todos urgentes por definição, a maioria dos defeitos institucionais seriam toleráveis, ao menos no curto prazo. Ao contribuir para o possível agravamento de defeitos que poderiam ser tolerados, a impaciência perfeccionista serviria como um obstáculo ao melhoramento do Estado.

Fosse para evitar a violência, fosse para evitar a barragem de melhoramentos incrementais, Burke entendia ser preferível tolerar as inevitáveis deficiências da realidade a se buscar uma perfeição impossível, motivada pela "perfeição da ideia abstrata"[99]. Ele sabia que tal busca tenderia a gerar novos e mais graves problemas.[100] Diferentemente dos utopistas, o estadista britânico defendia que, na realidade do mundo, o mais desejável seria o menos perfeito.[101] Mas, algo tragicamente, ele percebeu que tal fato tenderia a passar desapercebido. De tão brilhante, o apelo da perfeição utópica cegaria a visão dos homens para uma verdade epistemológica um tanto mais fosca: a possibilidade de se alcançar um objetivo político é sempre, mesmo na melhor das hipóteses, uma mera possibilidade; apenas os meios, e jamais os objetivos, podem ser objeto de um juízo probabilístico. Pois, enquanto os meios estão próximos e são relativamente certos, os objetivos estão distantes e são meramente

---

[99] "*perfection of the abstract idea*" (BURKE, 1992d, p. 15).

[100] *Ibid.*, p. 15.

[101] *Ibid.*, p. 15.

hipotéticos, razão pela qual poderiam nunca ser alcançados.[102] E ainda que viessem a sê-lo, poderiam revelar-se, afinal, meras miragens.[103] Ao repousar seu olhar implacável sobre a nascente Revolução Francesa, Burke desde logo percebeu o potencial assassino embutido nas utopias políticas com suas certezas de um amanhã redentor.

Em agudo contraste com o ateísmo jacobino, observa-se que o realismo cético do parlamentar *whig* está, em um nível mais profundo, fundamentado em solo teológico.[104] Por partir de uma teologia cristã,[105] ele sabia que a perfeição seria impossível neste mundo. Portanto, Burke via a política como uma arte do possível; jamais da perfeição.[106] Com efeito, sua certeza sobre a imperfeição mundana estendia-se igualmente à natureza humana. Burke "sabia que o homem não é anjo ou demônio"[107]. Por tais motivos, sustentava que nossas expectativas políticas e sociais "devem ser, portanto, modestas, a fim de que não destruamos o bom na

---

102 Em esclarecedor comentário acerca da necessária tolerância às imperfeições de um governo, Ivone Moreira assinala que a visão de Burke se aproxima daquela de David Hume, o qual "afirma que não se deve fazer com os governos o mesmo que se faz com outras obras da iniciativa humana, em que uma qualquer maquinaria pode ser rejeitada se se descobrir outra mais precisa ou mais conveniente, mesmo quando o seu êxito possa ser ainda duvidoso. Ao contrário, um governo já estabelecido tem uma infinita vantagem só pelo facto de já estar estabelecido" (MOREIRA, 2012, p. 209).

103 BURKE, *op. cit.*, p. 15.

104 KIRK, 2016, p. 303.

105 Diferentemente de Burke, os jacobinos não partiam de uma teologia e, portanto, tinham uma visão exclusivamente imanente. Buscavam em vão satisfazer todos os apetites e alcançar a perfeição neste mundo. Quando um tal projeto era fatalmente frustrado, voltavam-se então contra aqueles que tinham por obscurantistas e reacionários, elegendo-os como bodes expiatórios. Assim nasceu a doutrina armada que visava a impor o credo racional pela destruição das antigas crenças e instituições (*Ibid.*, pp. 303-4).

106 *Ibid.*, p. 304.

107 CANAVAN, F. Russell Kirk e o Renascimento de Edmund Burke. *In:* KIRK, R. *Edmund Burke, Redescobrindo um Gênio*. São Paulo: É Realizações, 2016, p. 410.

luta fanática pelo melhor"[108]. Visões utópicas não o seduziam pois, ademais ao exposto, ele reconhecia ser a felicidade humana sempre imperfeita e irremediavelmente precária.[109] Bandeiras revolucionárias fáceis e superficiais, como aquela segundo a qual todas as mazelas humanas decorreriam da simples ignorância dos homens acerca da sua igualdade de direitos, e que, portanto, o paraíso terrestre poderia ser alcançado pela generalização da consciência dessa igualdade, mereceram de Burke apenas o seu desprezo.[110]

Realista que era, Vasconcelos tampouco admirava ambições perfeccionistas ou visões utópicas. Conforme referido, por ter sido sua ação política baseada nas circunstâncias, o parlamentar brasileiro jamais pretendeu moldar o mundo à semelhança de algum modelo abstrato de perfeição. O utopismo idealista seria uma disposição política frontalmente oposta à sua. Nesse sentido, chegou a afirmar explicitamente: "Eu não quero dobrar a natureza à minha vontade porque Deus não me deu essa faculdade"[111]. Mas, mais do que isso: tal passagem é particularmente significativa por sugerir não apenas a imperfeição da natureza ("dobrar a natureza à minha vontade"), como também a própria imperfeição da humanidade ("Deus não me deu essa faculdade"). Definitivamente, visões de perfeição terrena não tinham lugar no pensamento político de Vasconcelos.

Até por esse motivo, à semelhança do seu congênere britânico, o estadista brasileiro também menosprezava os discursos levianos, que iludiam com promessas fáceis de perfeição terrena. Ao anseio de que a antecipação da maioridade do imperador D. Pedro II (1825-1891) pudesse resolver a crise política da regência e pôr fim às revoltas do período, respondeu em tom sombrio: "Não creio em utopias, não creio

[108] CANAVAN, 2016, p. 410.
[109] BURKE, 1992c, p. 85.
[110] BURKE, 1992c, p. 170.
[111] ASI, 01/07/1840.

em entusiasmos, as utopias são inexequíveis, o entusiasmo passa, e nossa moléstia continuará"[112]. De forma reveladora, a fim de desqualificar oponentes políticos que, à diferença dele próprio, não se dobravam às circunstâncias, empregava o termo "utopista"[113] e referiu-se pejorativamente àqueles que seriam dados ao "sistema das utopias"[114]. À semelhança de Burke, aos que se deixavam entusiasmar por promessas fáceis de uma perfeição impossível, Vasconcelos dedicava apenas o seu desdém e a sua proverbial ironia.

O ceticismo do estadista mineiro acerca de visões de perfeição na política dirigia-se particularmente às leis. Uma lei jamais poderia ser perfeita. Nesse sentido, Vasconcelos afirmou expressamente que "não há lei alguma que possa aspirar a uma absoluta perfeição e mesmo a uma imutabilidade, apesar dos tempos e das circunstâncias"[115]. Por esse motivo, o objetivo de uma ação política, não deveria jamais corresponder a "uma ideia de perfeição, pela qual [se] julga que devem ser feitas as instituições, sem nenhuma atenção às necessidades do país"[116]. Em vez de se deixarem levar pelos sedutores ventos das utopias, os estadistas deveriam manter os pés e a imaginação firmemente ancorados na realidade. Apenas assim poderiam propor políticas que responderiam às reais necessidades de uma nação.[117]

---

[112] ASI, 20/07/1840.
[113] ASI, 07/10/1843.
[114] ASI, 17/10/1843.
[115] ASI, 09/07/1841.
[116] ASI, 09/08/1839.
[117] *Ibid.*

2.2 Experiência

Burke acatava a primazia da prática sobre a teoria política.[118] Ele foi antes um estadista de ação que um teórico de gabinete.[119] Não chega a surpreender, portanto, que o parlamentar *whig* fosse avesso à pureza teórica — aquela calcada em abstrações e especulações carentes de fundamentação na experiência.[120] Curiosamente, essa sua aversão à metafísica[121] chegava às raias da execração. Ele chegou a afirmar que, dentre todas as coisas, não havia o que superasse em irritabilidade uma "filosofia irritante".[122] Outro eloquente sinal dessa sua indisposição para com abstrações teóricas é, conforme já referido, a natureza da sua obra: nem as *Reflections*, nem qualquer outro dos seus textos políticos configuram um tratado sistemático de teoria.[123] Se é verdade que as *Reflections* contêm um sistema de princípios, ressalve-se que não se trata de princípios que Burke teria deduzido de conceitos abstratos, mas que lhe teriam sido revelados diretamente pela experiência.[124]

Na aceitação da primazia da prática política sobre a teoria, o estadista britânico tem a fiel companhia do seu congênere brasileiro. Se o

---

118 Segundo Ivone Moreira, para Burke, "um sistema pode, em teoria, parecer mau e depois, a sua prática revelar-se excelente" (MOREIRA, 2012, p. 103).

119 KIRK, 2016, p. 358.

120 *Ibid.*, p. 292.

121 Ivone Moreira esclarece o que Burke entendia ser uma abordagem metafísica: seria a que "tende a isolar a realidade das suas circunstâncias e, assim, tratando-se da realidade política, tende a simplificar o que é complexo e tende a fornecer apenas uma representação do real, ou uma 'definição' da realidade, que não pode ser tomada pelo próprio real, sob pena de se errar grosseiramente por não ter em atenção tudo o que constitui a história e o contexto de um problema, trabalhando-o isoladamente, e será, no caso concreto da França, uma interpretação que altera a substância dos factos" (MOREIRA, 2012, p. 105).

122 "*irritable philosophy*" (BURKE, 1999a, p. 209).

123 KIRK, *op. cit.*, p. 295.

124 *Ibid.*, p. 292.

primeiro se notabilizou por ter sido um estadista prático, o segundo o foi ainda mais completamente. Enquanto o jovem Burke tivera uma ambição literária e chegara a ter publicada uma obra sobre estética,[125] Vasconcelos, por sua vez, desde sempre se dedicou inteiramente às práticas jurisdicional e política. Pretensões à doutrinação filosófica, fosse em teoria política, fosse em outros ramos da filosofia, passavam-lhe ao longe. Porém, o que cabe aqui sublinhar é que a atitude desses dois estadistas para com teorias abstratas foi notavelmente semelhante. Apenas que, enquanto o europeu carregou nas tintas ao manifestar uma irritação ("filosofia irritante"), o sul-americano foi um tanto mais comedido na linguagem; mas nem por isso deixou de relevar uma atitude semelhante. No caso, Vasconcelos afirmou eufemisticamente não ser ele próprio "um apaixonado dos princípios absolutos"[126], os quais considerava não apenas falsos como também "desagradáveis"[127]. Por essa razão, afirmou igualmente que os seus princípios proscreviam as "regras absolutas"[128]. Portanto, a pretensão de se reduzir a prática política, com todas as suas complexidades e variabilidade circunstancial, à simples aplicação de um conjunto de princípios gerais deduzidos a partir de conceitos abstratos, parecia a ambos os estadistas um lamentável equívoco, quando não um absurdo delírio.

Essa aversão de Burke às abstrações teóricas[129] levou-o a criticar a intrusão da filosofia na seara da política.[130] Ele considerava que,

---

[125] Trata-se de *Philosophical Enquiry into the Origins of Our Ideas of the Sublime and Beautiful.*

[126] ASI, 17/10/1839.

[127] *Ibid.*

[128] ASI, 28/05/1839.

[129] Ivone Moreira nota que "Burke vai criticar a aplicação política do racionalismo, e a confiança ilimitada nos sistemas racionais para a compreensão dos dados morais e políticos, mas não é contra a prevalência da razão na acção política, a qual é, fundamentalmente, uma acção racional" (MOREIRA, 2012, p. 94).

[130] MANSFIELD JR., 1987, p. 689.

por possuírem pretensões à validade universal, as abstrações filosóficas seriam essencialmente incompatíveis com as esferas do contingente, tais como a moral e a política.[131] Nesse sentido, ele afirmou de forma peremptória que "nada de universal pode ser racionalmente afirmado sobre qualquer assunto moral ou político"[132] [133].

Apesar de categórica, a afirmativa é sutil: o parlamentar britânico não negava a existência de um padrão universal na moral ou na política.[134] O que negou foi que esse "universal" pudesse ser "racionalmente afirmado". Para ele, os contornos da moral e da política existiriam de fato, apenas não se prestariam a serem enunciados sob a forma de conceitos,[135] na medida que seriam conhecimentos práticos, acessíveis apenas pela via da experiência direta.[136] Já o domínio do contingente, por sua vez, seria profundamente circunstancial. E a variabilidade das circunstâncias terminaria sempre por demolir qualquer enunciado

---

131 MOREIRA, 2012, pp. 229; 231.

132 "*nothing universal can be rationally affirmed on any moral, or any political subject*" (BURKE, 1992c, p. 91).

133 Ivone Moreira afirma que, não obstante referido enunciado possa transparecer ceticismo relativamente a um padrão de moralidade universal, tal padrão não era descartado por Burke, pois para esse "a relação autêntica com o semelhante, que supõe um princípio de fraternidade que resulta de haver um Pai comum, leva à descoberta desta universalidade moral" (MOREIRA, *op. cit.*, p. 144).

134 Segundo Ivone Moreira: "Apesar da complexidade das questões morais, aplica-se-lhes um conjunto de leis morais que, na sua formulação mais geral, são universais, exactamente como a dimensão mais essencial da natureza humana..." (*Ibid.*, p. 73.)

135 Por isso, Ivone Moreira afirma que "O reconhecimento de que há princípios fundamentais da moral e princípios derivados é compatível com a impossibilidade de formular um enunciado abstracto que pretendesse sintetizar a apreciação de um mesmo tipo de assuntos morais numa fórmula ou princípio derivado de aplicação universal. [...] Não está, portanto, aqui posta em causa a existência de princípios morais universais; o que se questiona é a possibilidade de abranger numa formulação abstracta todo um tipo de assuntos morais" (*Ibid.*, p. 145).

136 LEVIN, 2014, p. 77.

pretensamente tradutor de uma moral universal.[137, 138] Portanto, Burke reconheceu que, por não serem os enunciados morais perfeitamente congruentes aos contornos da moral,[139] eles seriam sempre precários, pois admitiriam exceções em casos excepcionais, quando assim relevados pela experiência.

Além disso, os enunciados morais e políticos estariam também permanentemente sujeitos às modificações ditadas pela prudência[140] — cujas regras prudenciais, como será visto adiante, tampouco seriam compatíveis com enunciados válidos universalmente.[141] Portanto, não obstante o racionalismo característico do século em que viveu, o estadista *whig* sempre resistiu à ideia de que a política pudesse ser traduzível em uma espécie de geometria.[142] Diferentemente da matemática, a via de acesso ao conhecimento da moral e da política não seria a racionalização

---

137 Contudo, Burke não foi um utilitarista. Ele não rejeitou a existência de um padrão moral absoluto e universal. O que rejeitou foram as pretensões ao conhecimento racional de tal padrão. Pois, para Burke, embora tal padrão existisse e pudesse ser descoberto pela experiência da realidade, ele não seria traduzível em conceitos acessíveis à racionalidade humana, por isso escaparia às tentativas de enunciá-los abstratamente. O caminho para o conhecimento da moral não seria a razão, mas a experiência, a qual, contudo, por não ser verbalizável, tampouco se prestaria a ser teorizada. Nessa medida, Burke tampouco foi um jusnaturalista (*Ibid.*, p. 77).

138 Também nesse sentido é o entendimento de Ivone Moreira, para quem "Burke não recusa a lei moral universal, recusa a aplicabilidade abstracta de princípios dela derivados, que devessem ser ajustados às circunstâncias, aplicando-os a todos os assuntos morais, sem atender à sua especificidade" (MOREIRA, 2012, p. 147).

139 Nesse sentido, Ivone Moreira afirma que: "[...] Burke considera também que é impossível ao homem encontrar a verdade de modo absoluto. O entendimento humano move-se num plano intermédio, acima da impossibilidade total de encontrar a verdade e abaixo da sua fruição plena. É um entendimento finito, feito para a verdade, mas incapaz da verdade total" (*Ibid.*, p. 82).

140 BURKE, 1992c, p. 91.

141 BURKE, 1999a, p. 69.

142 LEVIN, *op. cit.*, p. 10.

a partir de conceitos abstratos e apodíticos, mas a experiência direta da realidade em meio às suas infindáveis circunstâncias. Para ele, agir na política seria como viver em uma caverna escura, cuja topografia não se prestaria a ser conhecida de forma abrangente pela visão, mas apenas na estreiteza dos limites do tato.

A aversão de Burke à teorização ia até mais longe. Parlamentar prático e atento, recusava-se a avaliar as instituições segundo a sua conformidade a um padrão informado por princípios derivados de conceitos abstratos. Em vez disso, defendia que elas fossem avaliadas segundo os seus resultados concretos. Se as instituições em questão favorecessem o contentamento, a união e a prosperidade da comunidade política, poderiam ser consideradas benéficas.[143] Ao refletir sobre tais instituições benignas, ele notou que raramente tinham por base alguma teoria. Portanto, em sentido contrário ao que era alardeado pelo racionalismo dogmático dos *philosophes*, Burke concluiu que as teorias é que deveriam ter por base tais instituições benéficas; não o contrário.[144] A mestra não deveria ser uma teoria de princípios abstratos, mas a experiência da realidade.[145] Definitivamente, o parlamentar britânico não foi um kantiano.

As ideias de Kant tampouco parecem ter impressionado Vasconcelos. Sempre atento à realidade, não chega a surpreender que, tal qual seu congênere britânico, também ele tenha percebido a dissonância produzida pela aplicação de princípios absolutos aos domínios do contingente. Entendia o brasileiro que, por estarem submetidas ao "império das circunstâncias"[146], a moral e a política seriam domínios contingentes; não se enquadrariam, portanto, no que ele chamou de "domínio dos princípios

143 BURKE, 1999b, p. 279.
144 BURKE, 1999b, p. 279.
145 *Ibid.*, p. 279.
146 ASI, 01/07/1840.

e das regras gerais"[147]. Segundo o parlamentar mineiro, haveria entre ambos esses domínios uma incompatibilidade essencial.[148] As regras de regência de um não seriam aplicáveis ao outro, e vice-versa.

Precisamente em razão dessa incompatibilidade, e à semelhança de Burke, Vasconcelos também negava que pudesse haver "princípios universais em moral e política"[149]. Para ele, seria essa "uma trivialidade que ninguém desconhece"[150], salvo aqueles "apaixonados dos princípios absolutos"[151] e aqueles cujo "espírito mesquinho"[152] fora "alimentado só com o pão seco da geometria"[153]. Vasconcelos considerava que, em razão de a política não possuir "regras certas e de uma aplicação invariável"[154], mas apenas regras variáveis, que impunham a tarefa de "as modificar, de as acomodar ao estado social"[155], seria ela "a mais difícil de todas as ciências"[156, 157]. Portanto, assim como o britânico, também o brasileiro considerava que regras da política não seriam do tipo geométrico. Bem ao contrário, para Vasconcelos, o espírito "exclusivamente alimentado pelas

---

147 *Ibid.*

148 Sobre essa incompatibilidade, João Camilo de Oliveira Torres afirma que: "O univocismo pode ser um importante princípio filosófico, aplicável a elevadas questões metafísicas, mas de pouco proveito no campo chão e raso da política e da economia" (TORRES, 1968, p. 5).

149 ASI, 28/05/1839.

150 ASI, 25/05/1839.

151 *Ibid.*

152 *Ibid.*

153 *Ibid.*

154 ASI, 28/05/1839.

155 *Ibid.*

156 *Ibid.*

157 Ainda nesse sentido, Vasconcelos afirmou: "Ora, governar exige, suppõe, conhecimentos muito variados, e de mui difficil acquisição [...] Há pouco o Brazil quebrou os ferros do despotismo; apenas ha 12 annos que principiou a vêr em parte observada a constituição do império; a sciencia de governar é mais difficil, não se aprende senão depois de muitos annos" (ACD, 07/06/1838).

regras da Geometria, é um espírito falso em Política e em Moral"[158]. Nesse ponto, a sua convergência com Burke é absoluta.[159]

Mas o estadista *whig* ia mais além. Devido à incompatibilidade existente entre, de um lado, as pretensões à universalidade e, de outro, a variabilidade das contingências, Burke sabia que as tentativas de se geometrizar a política podiam até ser inócuas, mas jamais seriam inofensivas. Ele desde logo percebeu que, quando a política se divorciava da prática para casar com a filosofia, ela passaria a gestar o mal em latência.[160] Nesse sentido, Harvey Mansfield Jr. opina que o tema recorrente na obra de Burke teria sido, precisamente, a denúncia do mal moral e do mal político decorrentes da intrusão de teorias abstratas na prática política.[161] Tais males estariam associados ao desejo de matematização por parte daqueles fanáticos que, dominados pela metafísica, seriam incapazes de adequadamente compreender a esfera do que é propriamente humano.[162]

Particularmente característica dessa incapacidade é uma das consequências perniciosas que Burke associou à política teórica: o sacrifício dos afetos naturais. Esse decorreria de uma das características do raciocínio puramente abstrato: a generalização até os extremos.

158 ASI, 28/05/1839.

159 A convergência reflete-se inclusive na afinidade entre as linguagens empregadas por ambos. Burke escreveu: "*I am afraid I have gone too far into their way of considering the formation of a constitution. They have much, but bad, metaphysics; much, but bad, geometry; much, but false, proportionate arithmetic; but if it were all as exact as metaphysics, geometry, and arithmetic ought to be, and if their schemes were perfectly consistent in all their parts, it would make only a more fair and sightly vision. It is remarkable, that in a great arrangement of mankind, not one reference whatsoever is to be found to anything moral or anything politic; nothing that relates to the concerns, the actions, the passions, the interests of men*" (BURKE, 1999b, p. 290).

160 KIRK, 2016, p. 216.

161 MANSFIELD JR., 1987, p. 689.

162 KIRK, *op. cit.*, p. 288.

Quando submetida a esse tipo de raciocínio, a nossa natural preocupação com a vida das pessoas próximas e amadas seria generalizada a toda a humanidade. No processo, a natural afeição que cada pessoa sente pelo seu pequeno círculo de familiares e amigos acabaria diluída em um oceano de desconhecidos. Burke viu nessa diluição um intolerável sacrifício dos afetos naturais.[163] Eis o motivo pelo qual afirmou que aqueles dominados pela metafísica carregariam no peito um coração endurecido.[164]

Uma segunda consequência nefasta da política teórica seria o incentivo às revoluções. Ele decorreria da presunção equivocada, ditada pelo raciocínio abstrato, que as ações políticas seriam previsíveis, e seus resultados predetermináveis. Essa alegada previsibilidade estimularia os agentes a conceberem, em termos bastante precisos, tanto os objetivos de uma ordem política, como os meios de os alcançar. Porém, conforme visto no capítulo anterior, Burke sustentou que a ação política deveria ser pautada pelas circunstâncias. E essas não seriam de forma alguma previsíveis. Pelo contrário, na medida que seriam infinitas e infinitamente combináveis[165] seriam indetermináveis e, portanto, sujeitas à sorte. Em política, a previsibilidade não passaria de uma miragem resultante da sua teorização.

O parlamentar britânico desde logo percebeu os perigos latentes naquela miragem. Tomar a ação política como perfeitamente previsível corresponderia a um incentivo para que os governos descartassem a prudência e, por consequência, animados pela húbris, pecassem por excesso de audácia. Tal presunção daria ensejo a uma fantasia de supercapacidade, segundo a qual a construção de uma ordem política não seria uma tarefa árdua, mas, ao contrário, algo relativamente elementar.[166]

---

163 MANSFIELD JR., *op. cit.*, p. 690-1.

164 BURKE, 1999a, p. 130.

165 MANSFIELD JR., 1987, p. 691.

166 LEVIN, 2014, p. 191.

Nesse espírito, Burke caricaturou o Abade Sieyès (1748-1836) como um fornecedor de Constituições *prêt-à-porter* "feitas sob medida para cada estação e fantasia"[167]. O religioso faria crer que a elaboração de uma Constituição seria algo tão simples quanto o corte de uma vestimenta; e que uma Constituição poderia ser substituída com a mesma *nonchalance* de alguém que troca de chapéu. Burke sabia que nada poderia ser mais falso: uma ordem política não deveria ter por matéria-prima a metafísica ou as regras da matemática, mas a sociedade e as pessoas que a comporiam. Tais pessoas, por sua vez, partilhariam uma natureza humana já por si só complexa, a qual precisaria ser combinada com a infindável gama de circunstâncias da realidade. Portanto, bem ao contrário do que sugeriria a fantasia de Sieyès, construir uma ordem política seria uma tarefa hercúlea, impossível de ser adequadamente realizada com base apenas em princípios abstratos.[168] Além disso, a fantasia de supercapacidade apenas estimularia o desapreço pela realidade e o sentimento de mal-estar no mundo.[169] Equivaleria, enfim, a um forte incentivo à húbris revolucionária.

Esses males, que Burke associou aos "teóricos de nossos tempos de teoria"[170], teriam sido evidenciados pela eclosão da Revolução Francesa. Bastaram alguns meses de convulsão revolucionária para que o estadista *whig* notasse o seu traço mais marcante: não se tratar de uma revolução apenas política, mas, por inspirada em abstrações teóricas, de uma revolução eminentemente filosófica. Seria, portanto, uma revolução total, cujas pretensões abarcariam simultaneamente os sentimentos, os modos de vida e as opiniões morais no cerne da psicologia. Curiosamente, por se dar às custas dos afetos e da prudência, a racionalização filosófica esvaziaria a esfera afetiva do seu conteúdo próprio, tornando-o

---

167 "*suited to every season and every fancy*" (BURKE, 1992b, p. 316).

168 BURKE, 1999b, p. 292.

169 LEVIN, *op. cit.*, p. 191.

170 "*speculatists of our speculating age*" (apud MANSFIELD JR., *op. cit.*, p. 690).

um campo aberto à invasão pela paixão pelo poder.[171] Para Burke, tal caráter multifacetado revelaria que, à semelhança dos dogmas religiosos, também as teorias políticas poderiam inspirar fanatismo.[172] Portanto, ele caracterizou a revolução como um fenômeno originado no dogma doutrinário,[173] e que manifestaria todo o mal latente na política teórica.[174]

Nesse ponto, a convergência entre o parlamentar britânico e o seu congênere brasileiro começa a fazer água. É verdade que ambos concordaram em afirmar a incompatibilidade entre princípios absolutos e a política. Mas apenas Burke discorreu sobre os perigos decorrentes da sua combinação. Em suas *Reflections* e obras posteriores, ele denunciou expressamente o mal latente na política teórica. Vasconcelos, contudo, jamais chegou tão longe. De fato, o brasileiro não foi além de constatar a incompatibilidade entre princípios absolutos e a política. Não chegou a condenar a intrusão dos primeiros na segunda, nem tampouco a discorrer sobre os males dela decorrentes. As referências que fez à questão são poucas e passageiras, pelo que é razoável considerar essa uma lacuna[175] em seu pensamento.

Não obstante essa ausência, é razoável supor que Vasconcelos estivesse ciente do potencial revolucionário, e consequentemente terrível, de uma política de princípios absolutos. Em seus discursos, ao menos duas passagens amparam tal suposição. Na primeira, não surpreendentemente, a única em que menciona Burke, ele destacou a relação entre

[171] LEVIN, *op. cit.*, p. 190-1.

[172] BURKE, 1992c, p. 182.

[173] KIRK, 2016, p. 320.

[174] MANSFIELD JR., 1987, p. 690.

[175] De certo modo, contudo, essa lacuna é compreensível. Vasconcelos não chegou a escrever obras de denúncia a uma revolução total, filosoficamente inspirada, como foi o caso de Burke com a Revolução Francesa. A experiência de Vasconcelos com revoluções foi com as revoltas regionais que grassaram no Brasil.

a política lógica (por baseada em princípios absolutos) e o uso da violência pela Revolução Francesa. *In verbis*:

> A rígida virtude de alguns homens de moral e a lógica que se apoderou de suas cabeças políticas foram as causas que mais influíram nas grandes catástrofes da França durante o reinado da Convenção. O célebre Burke, de que nos deu larga medida o Sr. Visconde de Cairu, e que por isso ninguém tachara de partidista e exaltado, ou de infenso à Monarquia, atribuía todos os erros, todos os absurdos, todos os atentados cometidos na França revolucionária ao predomínio que na política obteve a lógica. Robespierre e outros membros da Montanha não eram muito lógicos? (ASI, 15/5/1844).

Já na segunda passagem, mais breve, o parlamentar mineiro afirmou que as revoluções tendem "a exagerar todos os princípios"[176] e, em especial, aquele do progresso. Nela, ele parece sugerir, ainda que implicitamente, que o exagero no princípio do progresso seria responsável por levar à demolição de "tudo o que existia só porque existia".[177] Argumenta-se que, ao referir-se ao exagero no princípio do progresso, Vasconcelos estaria a afirmar, em outras palavras, o fanatismo de uma aplicação não apenas exagerada, mas tendencialmente absoluta daquele princípio. Da mesma forma, ao referir-se à demolição de "tudo", o que teria em mente seria a destruição revolucionária. Portanto, assim interpretada, a passagem parece relacionar o princípio absoluto de progresso à revolução.

Se Vasconcelos deixou de expressamente condenar a política perfeitamente lógica, sua constatação da incompatibilidade entre a prática política e os princípios absolutos não deixou de impulsionar o seu pensamento. Mas em vez de fazê-lo para fora, o introverteu no sentido da

---

[176] VASCONCELOS, 1999, p. 237.

[177] *Ibid.*, p. 237.

subjetividade, levando-o a abordar a questão da relação entre um estadista e os seus princípios de eleição. Por avaliar que a prática política seria incompatível com princípios absolutos, o parlamentar brasileiro argumentou que um estadista jamais deveria tomar os seus princípios subjetivos por definitivos, a eles dedicando uma lealdade a toda prova. Pelo contrário, a fidelidade para com os seus deveria ser sempre precária e permanentemente sujeita à resolução.

Segundo Vasconcelos, um estadista não deveria ser pautado pelo amor "aos princípios, só por amor aos princípios"[178]. Em vez disso, deveria pautar-se pela "observação, o estudo, a experiência"[179]. Essas lhe permitiriam captar não apenas as circunstâncias das suas ações; lhe permitiriam captar também as mutações supervenientes àquele quadro circunstancial. E seria essa inevitável superveniência de novas circunstâncias que, por sua vez, colocaria os princípios do estadista à prova. Pois, quando defrontados por uma realidade nova, tais princípios se poderiam revelar equivocados, caso em que deveriam "ser renunciados em obséquio à verdade".[180] Trata-se de uma clara hipótese de conflito entre os princípios do estadista e as circunstâncias da realidade.

Diante de um tal dilema, Vasconcelos revelou-se um adepto convicto das circunstâncias. Afinal, de acordo com o seu pensamento, seriam elas as reais mestras da ação política. Um estadista de caráter não subscreveria um princípio por amor ao seu conteúdo axiológico, mas "por causa da verdade"[181] nele contida. Portanto, caso as circunstâncias supervenientes expusessem a falsidade de algum dos seus princípios, seu ainda defensor não deveria hesitar em renunciá-lo. Segundo o parlamentar mineiro, um estadista de caráter "não hesita em sacrificar o erro, em lugar de persistir,

---

[178] VASCONCELOS, 1999, p. 238.

[179] *Ibid.*, p. 238.

[180] *Ibid.*, p. 238.

[181] ASI, 22/07/1839.

mantendo opiniões errôneas"[182]. O mandamento seria inequívoco: "só quem não for amigo da verdade rejeitará sempre toda e qualquer modificação em seus princípios".[183] O caráter de um estadista seria função da sua lealdade não a quaisquer princípios em particular, mas à própria verdade.[184]

O parlamentar brasileiro seguiu à risca esse mandamento quando se afastou dos princípios liberais para idealizar o Regresso. Às acusações de trânsfuga, respondeu que uma mudança de princípios, por si só, não seria objetável; condenável seria "mudar de opinião sem razão suficiente"[185]. A seu ver, a ameaça de fragmentação do Brasil constituiria uma tal razão.[186] Convém aqui notar que se trata de uma resposta muito diversa daquela de Burke, o qual também fora acusado de traição aos princípios liberais. No *Appeal from the New to the Old Whigs*, o parlamentar britânico não buscou justificar o seu alegado abandono aos

---

182 VASCONCELOS, *op. cit.*, p. 239.

183 ASI, 22/07/1839.

184 Também nesse sentido, em discurso na Câmara dos Deputados, Vasconcelos afirmou que "não é firmeza de caracter professar sempre as mesmas idéas, obrar sempre coherente com essas idéas; o homem é animal susceptível de aperfeiçoar-se. O progresso entra na natureza humana. Não é, pois, possível que o homem professe sempre as mesmas ideás, e nunca as modifique quando a verdade se lhe apresente, quando é convencido que esteve em erro. Declara que ainda professa hoje as mesmas opiniões que então tinha, que em circunstancias taes o governo era mui justificavel; que não é volubilidade acommodar a política às circunstancias sociaes, que talves no entender de alguns senhores a verdadeira política seja estabelecer um principio absoluto e delle deduzir todas as consequencias; mas a politica moderna regeita todas essas exigências exageradas, todos esses principios absolutos" (ACD 03/06/1837).

185 ASI, 22/07/1839.

186 Lynch assinala que, segundo Vasconcelos, "O primeiro dever de um governo é a conservação do país", o que para Vasconcelos significaria "a unidade territorial do Império, a monarquia constitucional e, com ela, o primado da lei, contra o poder pessoal dos eventuais caudilhos" (LYNCH, 2015, p. 324).

princípios liberais. Em vez disso, pretendeu demonstrar a continuidade da sua lealdade a eles — o que não seria o caso dos seus acusadores, os *whigs* do grupo de Charles James Fox.

Embora se tenha dado ao trabalho de evidenciar a sua lealdade aos princípios liberais, o que mais inquietava a Burke não eram os seus acusadores. Seu verdadeiro pesadelo era desmedidamente mais terrível, tanto na abrangência quanto na intensidade: tratava-se do arrasamento da Constituição britânica — depois que os fantasmas da revolução tivessem atravessado a Mancha. Pois, era certo que os ventos do *Zeitgeist* já teriam soprado os dogmas doutrinários dos jacobinos até o Reino Unido, espalhando por Londres as sementes da revolução.

Para pavor de Burke, uma dessas teorias dogmáticas chegou mesmo a florescer em certos círculos londrinos.[187] E tratava-se de uma teoria de alto impacto. Versava sobre uma questão fundamental a qualquer ordem política: a legitimidade do poder. De viés radicalmente democrático, sustentava que "nenhum trono é legítimo senão o eleito"[188]. Burke denunciou ferozmente tal teoria como a expressão de um fanatismo. Esse residiria na suposição de que os monarcas europeus de então, tão somente por deixarem de se conformar ao único princípio de legitimidade por ela reconhecido — a vontade popular —, seriam automaticamente usurpadores.[189] Mas tal radicalismo não ficou pelo plano hipotético. A sua versão britânica, sem qualquer pudor, invadiu o plano da realidade para considerar a totalidade dos reis europeus então entronados, exceto o britânico, usurpadores ilegítimos.[190]

Segundo Burke, esse fanatismo sem limites denotaria as características essenciais às abstrações teóricas que haviam originado a revolução:

---

187 Foi argumentada pelo Reverendo Richard Price no discurso ao qual Burke se refere na parte inicial das Reflexões Sobre a Revolução na França (BURKE, 1999b, pp. 99-100).

188 "*no throne is lawful but the elective*" (*Ibid.*, p. 110).

189 BURKE, 1999b, p. 100.

190 *Ibid.*, p. 99.

o desprezo pela realidade e a total ausência de reverência pela natureza das coisas.[191] [192] Bem ao contrário, apaixonadas de si mesmas, aquelas teorias pretenderiam tudo reformular no mundo, de modo a convertê-lo na imagem e semelhança do seu próprio modelo abstrato de perfeição. E Burke desde logo notou que o modelo de ordem social que servia de referência à revolução seria sistemático, planejado, com unidade e princípio, [193] e que, portanto, deveria ser corporificado em uma "Constituição geométrica e aritmética"[194]. Essa Constituição seria forjada por disciplinas abstratas, como a metafísica, a geometria e a matemática. Não haveria espaço para considerações de cunho concreto, como as de natureza moral e política, ou mesmo relativas às ações, paixões e interesses humanos.[195]

Aos olhos estupefatos do estadista britânico, a racionalidade administrativa de uma tal Constituição teria chegado ao paroxismo. No anseio de tudo racionalizar na administração pública, a Assembleia Nacional Francesa cogitou dividir o território em oitenta e três departamentos absolutamente uniformes, todos quadriláteros de idênticas dimensões. Escandalosamente, uma tal proposta de divisão administrativa não seria apenas incompatível com os afetos naturais da população pelo seu território, ela efetivamente os desprezaria.[196] A revolução chegaria, assim, ao cúmulo de considerar transpor para o território da nação, o solo mitológico onde ela fora forjada, o modelo de artificialismo e planejamento

---

[191] *Ibid.*, p. 314.

[192] Para Ivone Moreira, além de desprezo, a crítica de Burke ao jacobinismo "é uma crítica ao seu atrevimento e à pretensão de considerarem as suas decisões individuais, ou o seu saber enquanto geração, como superior ao de todos os outros, especialmente àquele saber cristalizado nas instituições que a sociedade produziu ao longo do tempo" (MOREIRA, 2012, p. 136).

[193] BURKE, 1999a, pp. 181-2.

[194] "*geometrical and arithmetical constitution*" (BURKE, 1999b, p. 145).

[195] *Ibid.*, p. 290.

[196] *Ibid.*, pp. 279-80; 307.

geométrico dos jardins franceses.[197] Mas, por esdrúxula que pudesse parecer uma tal pretensão, se existissem meios igualmente racionalistas aptos a viabilizá-la, ela gozaria da simpatia da revolução: segundo a lógica brutalmente fria e inflexível de um sistema teórico, todos os meios deveriam ser perfeitamente adequados aos objetivos visados.[198]

A teorização da política não se limitou a distorcer as questões da legitimidade do poder e da administração pública. Também teria superestimado a importância dos direitos do homem. Com efeito, Burke lamentou que a revolução tivesse substituído as fundações que historicamente sustentaram a ordem política francesa. A seu ver, essa deixaria de estar solidamente fundeada sobre os maciços pilares da natureza humana e da conveniência política,[199] para ver-se precariamente escorada nos frágeis caniços de uma teoria dos *droits de l'homme*.[200,201]

Mas é de notar-se que, apesar de denunciar a deficiência da teoria dos "Direitos dos Homens"[202] para sustentar uma ordem política, o estadista britânico não deixava de reconhecer o seu apelo. Ainda que fossem moral e politicamente falsos, tais direitos seriam ao menos

---

197 *Ibid.*, pp. 279-80.

198 *Ibid.*, pp. 279-80.

199 Para Burke, os fundamentos de uma ordem política deveriam ser dois: (1) a conveniência política e (2) a natureza humana. Esse duplo fundamento conciliaria o que seria universal, a natureza humana, com o que seria particular, como os hábitos e modos de vida. Poderia assim desempenhar a sua dupla tarefa: prover as necessidades das pessoas e impor os seus deveres para com a ordem política (BURKE, 1992c, p. 194).

200 *Ibid.*, p. 179.

201 Sobre a crítica de Burke à teoria dos direitos do homem, afirma Ivone Moreira que: "A chave para compreender alguns aspectos da sua crítica aos direitos do homem, tal como foram reivindicados pelos contratualistas, reside na discrepância entre abstracção, invocada aqui na expressão 'teorias', e realidade, presente na expressão 'natureza'" (MOREIRA, 2012, p. 156).

202 "*Rights of Men*" (BURKE, 1992f, p. 211).

metafisicamente verdadeiros.[203] Em razão dessa contradição, Burke comparou a referida teoria a um cometa, cuja cauda espalharia pestilência e guerra. Mais do que qualquer outro dogma abstrato, os *droits de l'homme* seriam a verdadeira semente primordial da revolução. Caso a sua órbita tivesse interseccionado com aquela da Inglaterra, também as ilhas britânicas teriam sucumbido ao seu apelo e, consequentemente, contraído a convulsão revolucionária.[204]

A teoria dos direitos do homem era, para Burke, a própria revolução em potência. Haveria entre a primeira e a segunda uma relação de causa e efeito. Sempre perspicaz, o estadista britânico percebeu o que lhe parecia ser uma verdade psicológica: a mentalidade conformada pela teoria dos *droits de l'homme* seria uma mentalidade dogmática; ela não apenas repudiaria qualquer grau de atenuação daqueles direitos — também denunciaria como sua violadora toda e qualquer ordem política erigida sobre base diversa.[205] Por ser incuravelmente inflexível, a mentalidade informada pelos direitos do homem denunciaria quaisquer ordens políticas discrepantes, mesmo que os benefícios dessas já tivessem sido avalizados pela experiência.[206] Desse modo, o dogmatismo teórico seria, pela via da intolerância, convertido em vontade revolucionária.[207]

Como direitos abstratos, os *droits de l'homme* se oporiam ao que Burke chamou de "os verdadeiros direitos do homem"[208], moralmente

---

[203] BURKE, 1999b, p. 154.

[204] BURKE, 1992b, pp. 285-6.

[205] BURKE, 1992c, p. 93.

[206] BURKE, 1992f, p. 217.

[207] Por esse motivo, Ivone Moreira afirma que, para Burke, "a reivindicação de direitos num plano abstracto constituía um perigo para a estabilidade da sociedade. Uma das razões apresentadas por Burke para o seu temor é a insustentabilidade dos direitos assim formulados no interior da sociedade e o perigo desta reivindicação destruir a ordem estabelecida" (MOREIRA, 2012, p. 176).

[208] "*the real rights of men*" (BURKE, 1999b, p. 150).

e politicamente. Esses seriam impossíveis de serem definidos abstratamente, mas poderiam ser identificados na prática.[209] O método para tanto seria aquele que o parlamentar britânico empregava para descobrir os padrões da natureza, qual seja, a experiência concreta da realidade, tal qual manifesta na história.[210] Esses verdadeiros direitos do homem seriam, portanto, aqueles relativos às vantagens que constituem os propósitos de uma sociedade civil: o direito a viver sob um Estado de direito; o direito de se ter demandas justas atendidas pela justiça; o direito a gozar dos frutos do próprio trabalho, o direito à educação; enfim, o direito a agir livremente, desde que não se violasse a esfera dos outros ou o direito a uma porção justa do que a sociedade pudesse produzir em favor dos seus.[211] [212]

Burke repudiou o que considerou ser uma indevida abstração[213] desses direitos verdadeiros. Da sua perspectiva realista, converter os direitos das pessoas particulares em uma teoria de direitos abstratos da humanidade careceria de qualquer sentido. Pior até: seria uma pretensão verdadeiramente absurda, pois a realidade — esse "complicado composto de paixões e preocupações humanas"[214] — invariavelmente distorceria as

---

209 *Ibid.*, p. 154.

210 LEVIN, 2014, p. 82.

211 BURKE, 1999b, pp. 150-1.

212 Esse caráter de sociabilidade cívica dos direitos do homem é sustentado por Ivone Moreira, para quem: "Segundo Burke, a boa maneira de se ter em conta os direitos do homem é considerar a sua natureza social e histórica e tratá-los como direitos dos homens, isto é, como concretizados em direitos cívicos determinados" (MOREIRA, 2012, p. 167).

213 Sobre o entendimento de Burke sobre as abstrações, é bastante esclarecedora a explicação de Ivone Moreira: "O que Burke designa por abstracções, e aquilo que reprova, é o conceito depurado das qualificações particulares, não a apreensão de uma essência universal. A abstracção é vista à maneira dos modernos como uma forma de cristalização e empobrecimento da realidade" (*Ibid.*, pp. 157-8).

214 "*complicated mass of human passions and concerns*" (BURKE, 1999b, p. 153).

manifestações concretas de qualquer abstração.[215] A questão dos direitos seria, portanto, eminentemente prática: tratar-se-ia de efetivá-los na realidade.[216] Por essa razão, envolveria considerações antes concretas que abstratas.[217] Para Burke, estava claro que uma população não poderia ser titular de direitos abstratos, pois a existência das pessoas se daria nas circunstâncias concretas de uma sociedade, enquanto que os alegados direitos humanos existiriam no nível da pura abstração.[218]

Para além dessa ausência de sentido, a abstração dos direitos do homem criaria ao menos quatro perigosas armadilhas. Primeira: por ser a relação entre esses dois tipos de direitos (os verdadeiros e os abstratos) inversamente proporcional, a exaltação de direitos abstratos implicaria a perda daqueles consagrados pela experiência.[219] Segunda: a mania por direitos revelaria um desejo de emancipar os homens de todas as suas responsabilidades. Nesse sentido, Feulner argumenta que Burke atacou a "falácia dos 'Direitos do Homem'"[220] porque identificaria nessa noção abstrata um desejo de libertação de todos os deveres. Terceira: a ênfase nos direitos humanos abstratos teria cegado os revolucionários para a natureza humana tal como ela verdadeiramente seria.[221] Conforme já referido, defendia Burke, portanto, que os jacobinos dedicassem menos atenção às teorias abstratas sobre os direitos do homem e uma maior

---

[215] Por isso, assinala Ivone Moreira que, para Burke, seriam "inadequados os direitos abstractamente concebidos porque decorrem de se pensar o homem desprovido de um dos seus atributos essenciais: o ser social, já que a sociedade é fundamental para o entendimento da sua essência" (MOREIRA, 2012, p. 159).

[216] Por esse motivo, Ivone Moreira afirma que, a visão de Burke acerca dos direitos era que, a sua "abordagem jurídica poderia ser abstracta, a abordagem política não" (*Ibid.*, p. 179).

[217] BURKE, 1999b, p. 152.

[218] BURKE, 1992c, p. 179.

[219] KIRK, 2016, p. 287.

[220] FEULNER, 2016, p. 420.

[221] BURKE, 1999b, p. 157.

atenção à natureza e às disposições humanas, enfim, aos homens em concreto.[222] E finalmente, quarta: o estadista britânico percebeu que a teoria dos direitos poderia ser instrumentalizada para o despotismo, ao potencialmente servir para justificar demandas de compensação por suas alegadas violações pretéritas.[223]

Diante de todas essas armadilhas, Burke considerava equivocado o esforço revolucionário de se distender os princípios teóricos até os seus potenciais limites, de forma a aproximar-lhes de um modelo abstrato de perfeição. Pois, como se verá adiante, um dos princípios mais caros ao estadista britânico seria justamente o de uma prudência regencial — o qual vedaria a expansão de qualquer princípio até os seus limites.[224]

2.3 Liberdade ordenada

Burke e Vasconcelos convergiram na especial afeição que nutriram pelo princípio da liberdade. Suas correspondentes guinadas conservadoras não significaram o abandono das fileiras do liberalismo. Em seus percursos ideológicos, apenas passaram de liberais a liberais-conservadores. Com efeito, a liberdade ocupou no pensamento e atuação política de Burke um lugar destacado. Trata-se do princípio que informou as maiores causas que ele defendeu no Parlamento — nas quais se opôs ao exercício arbitrário do poder.[225, 226] Já Vasconcelos, por sua vez, elegeu expressamente a liberdade para compor a tríade dos princípios estruturantes do seu pensamento político, quais sejam, "Deus, trono e

---

222 BURKE, 1992d, p. 13.

223 BURKE, 1999b, pp. 215-6.

224 BURKE, 1992c, pp. 193-4

225 KIRK, *op. cit.*, p. 169.

226 Embora não seja o único algoz da liberdade, um governo arbitrário é, seguramente, um dos seus mais ferozes inimigos.

liberdade"[227]. Por essa razão, mesmo em 1840, já em meio ao seu Regresso e face às acusações de ter traído a causa liberal, ele afirmou orgulhoso: "em liberalismo ninguém me excede"[228].

Mas, apesar de convergirem na afeição que nutriam pela liberdade, a forma pela qual Burke e Vasconcelos a caracterizaram em seus pensamentos foi bastante distinta. Enquanto o britânico tratou a liberdade sobretudo como um *direito*,[229] o brasileiro tratou-a exclusivamente como um *princípio*. Em que pese essa diferença de tratamentos, ambos convergiram igualmente na recusa a conceberem a liberdade de forma abstrata ou meramente teórica. Segundo Burke, ela corresponderia sobretudo a um direito de cunho prático; já segundo Vasconcelos, seria um princípio de aplicação prática. O resultado, como se verá na sequência, é bastante aproximado.

Para Burke, a liberdade configuraria um direito complexo, por possuidor de duas dimensões. A primeira teria natureza moral. Seria aquela que ele considerou um "direito da nossa espécie"[230], que estaria inscrito na essência do gênero humano e seria transmitido sucessivamente ao longo das gerações. Além de um direito inerente à humanidade, a liberdade seria também indissociável dela.[231] Para o parlamentar britânico, é como se esse direito estivesse tão profundamente entranhado na condição humana, que se teria tornado, para todos os efeitos, inerente àquela: sem liberdade não poderia haver humanidade.[232] Tratar-se-ia de um direito tão básico quanto aquele à vida.

---

227 ASI, 22/07/1839.

228 ASI, 02/07/1840.

229 Burke reagia à pregação dos revolucionários franceses acerca do direito a uma liberdade abstrata.

230 "*birthright of our species*" (BURKE, 1992d, p. 7).

231 *Id.*, 1992d, p. 7.

232 Nesse sentido, Ivone Moreira afirma que: "Burke reconhece que a liberdade é essencial à realização da natureza humana, sobretudo na sua dimensão moral" (MOREIRA, 2012, p. 40).

Devido a esse caráter basilar do direito à liberdade, Burke tinha-o por um verdadeiro valor moral e, portanto, também condição da virtude.[233] Nesse sentido, ele repudiava políticas que visassem a promover o bem mediante a supressão da liberdade. A virtude que violasse aquele direito não passaria, em realidade, de uma farsa. Essa estreita proximidade entre liberdade e virtude levou Burke a sustentar uma posição tipicamente liberal: a preferência por uma política que privilegiasse o livre-arbítrio dos indivíduos — ainda que às custas da capacidade de coordenação do corpo social por um poder benevolente.[234] Porém, cabe aqui ressalvar: não a ponto de o prejuízo à coordenação social resultar em caos público. Pois, segundo ele, nada poderia ser mais injusto do que um governo carente de autoridade.[235] E tampouco a ponto de o prejuízo à coordenação social dissolver os vínculos humanos, atomizando os indivíduos.[236] Nessas ressalvas, nota-se que Burke não foi um liberal puro, ao estilo doutrinário, mas um liberal-conservador.

A referida dimensão moral, contudo, não esgotou o entendimento de Burke acerca do direito à liberdade. Realista que era, pensava que haveria ainda uma segunda, de natureza prática.[237] De modo tipicamente conservador, o parlamentar britânico caracterizou-a pela via do contraste; contudo, não em relação à referida dimensão moral. Em realidade, Burke contrastou o que considerava ser a dimensão prática do direito à liberdade ao ideal de liberdade defendido pelos *philosophes* e seus discípulos revolucionários, qual seja, o direito a uma liberdade abstrata.

Aos olhos de Burke, os revolucionários franceses almejavam um objetivo impossível: uma liberdade perfeita e absoluta.[238] Eles teriam

233 BURKE, 1999b, p. 201.
234 *Id.*, 1999b, p. 201.
235 *Ibid.*, p. 344.
236 BURKE, 1999b, p. 192.
237 KIRK, 2016, p. 295.
238 *Ibid.*, pp. 288-9.

submetido o direito à liberdade, tal qual existente na realidade, a um processo de abstração. Por meio dele, o referido direito teria se desvinculado completamente das instituições que conformariam a vida em sociedade.[239] Assim, uma vez livre das amarras que o prenderiam ao mundo *in concreto*, o direito à liberdade poderia finalmente ascender à esfera das ideias, onde, perfeitamente abstraído, pairaria olimpicamente sobre a realidade, imune a qualquer contingência.

Segundo Burke, essa pretensão a uma liberdade abstrata não passaria de uma insensatez. Afinal, o parlamentar britânico percebia que, para existir na realidade da vida, o direito à liberdade precisava ser prático. Quando desvinculada do tempo e das circunstâncias, que a afetariam de infinitas maneiras,[240] a liberdade deixaria de ter existência concreta. Dessa perspectiva, o direito a uma liberdade abstrata seria um mero *flatus vocis* — um conceito carente de realidade objetiva. Para existir de fato, a liberdade deveria estar necessariamente imbricada na realidade concreta; estar inserta no tempo e ser pautada pelas circunstâncias. E, logo, também sobre as instituições que dariam corpo a essa realidade: fossem sociais, políticas, religiosas ou econômicas[241] — às quais as pessoas estariam ligadas por direitos e obrigações recíprocas.[242] Segundo Burke, sob pena de deixar de existir concretamente, o direito à liberdade não poderia prescindir dessas instituições, pois a sua fruição se daria justamente no seu bojo.[243] [244] Portanto, o único direito à liberdade que poderia existir, efetivamente, seria aquele mediado pelas instituições

239 RITCHIE, D. E. Foreword. *In:* BURKE, E. *Further Reflections on the Revolution in France.* Editado por Daniel E. Ritchie. Indianapolis: Liberty Fund, 1992, p. xix.

240 BURKE, *op. cit.*, p. 152.

241 RITCHIE, *op. cit.*, p. xix.

242 *Ibid.*, p. vii.

243 *Ibid.*, p. vii.

244 BURKE, *op. cit.*, p. 94.

tradicionais, que conformariam a vida em uma sociedade política.[245] Em um nível mais amplo, essa mediação institucional significaria que o direito à liberdade prática não existiria de forma isolada, mas ao lado dos demais elementos necessários à vida social, como a ordem, a virtude, a moral e a religião.[246] Assim compreendido, tal direito equivaleria, portanto, ao direito a uma *liberdade civil*.[247] Segundo Burke, seria a liberdade possível em uma sociedade política.

Já a liberdade abstrata, perfeita e absoluta, dos revolucionários, não passaria de um ideal inalcançável, uma mera miragem. Pretender alcançá-la, contudo, imporia um grave perigo: a abstração da liberdade tenderia a ameaçar a sua prática.[248] Sustentar que a liberdade consubstanciada no direito (à liberdade) teria uma natureza abstrata levaria as pessoas a descuidarem as referidas instituições tradicionais, os verdadeiros *loci* das liberdades reais. E uma vez afastadas das instituições nas quais a liberdade seria efetivamente fruída,[249] as pessoas acabariam por perder as condições práticas de gozo de tal direito, ocasionando, assim, o seu definhamento.[250]

Por recear tal resultado, Burke denunciou ferozmente aqueles que, em vez de enxergarem a revolução como uma ameaça à liberdade prática, celebraram-na como uma desejada ampliação daquele direito.[251] Estariam grotescamente equivocados. Não tardaria até que a revolução causasse o colapso da liberdade prática. Isso significaria o fim da fruição de um direito inerente à condição humana (dimensão moral). Implicaria, portanto, nada menos que uma desumanização. Por isso, Burke

---

245 RITCHIE, 1992, p. vii.

246 BURKE, 1992b, p. 287.

247 KIRK, 2016, p. 204.

248 *Ibid.*, pp. 288-9.

249 RITCHIE, *op. cit.*, p. vii.

250 LEVIN, 2014, p. 29.

251 BURKE, 1999b, p. 96.

foi categórico ao referir-se ao ideal de uma liberdade abstrata como "o maior de todos os males possíveis"[252, 253].

Apesar de sua formação jurídica, Vasconcelos não parece ter enquadrado a liberdade como um direito. Ao menos no decorrer da sua fase conservadora, o político brasileiro jamais caracterizou a liberdade como tal. Limitou-se a tratá-la como um princípio político; mas não um qualquer: a liberdade tinha para ele o *status* de princípio fundamental. Conforme mencionado, compunha a tríade principiológica que dizia estruturar o seu pensamento político: "Deus, trono e liberdade"[254]. Não obstante, à semelhança de Burke, a liberdade em Vasconcelos não seria uma liberdade abstrata, mas prática. E, nessa medida, ainda que o brasileiro não a tenha caracterizado como um direito, para todos os efeitos, o resultado aparenta ser semelhante.

Sem disposição para filosofar, Vasconcelos silenciou sobre o conteúdo substantivo do que entendia ser o princípio da liberdade. Na tentativa de defini-la, em vez de se socorrer na filosofia, apelou à política: afirmou ser a liberdade o princípio informador de uma doutrina: o liberalismo. Isso parece constituir a totalidade da especulação teórica que o político brasileiro se permitia. A partir desse ponto, ele rapidamente passa ao campo da política prática. Afirmou que liberal seria o pensamento associado à representação eleitoral da sociedade em autoridades eleitas pelo voto. Nesse sentido, Vasconcelos considerava "liberal todo o ato que enuncia a interferência das autoridades eletivas"[255]. E, como estadista filiado ao

---

252 "*the greatest of all possible evils*" (BURKE, 1999b, p. 361).

253 Posteriormente, Burke notaria que, devido à natureza sistemática do pensamento dos filósofos da revolução, o esforço destes para destruir a liberdade prática teve origem na primeira das relações sociais: a relação entre os pais e seus filhos. Seria essa a primeira a se tornar alvo de uma campanha de denúncia dos deveres da paternidade, por serem alegadamente hostis à liberdade (BURKE, 1992a, pp. 50-1).

254 ASI, 22/07/1839.

255 ASI, 30/05/1843.

liberalismo, sua ação política buscou privilegiar as autoridades representativas. Não foi por outro motivo que, ainda enquanto deputado, apresentou projeto de instituição do sistema parlamentar.[256] Esse projeto seria o principal motivo pelo qual o estadista mineiro afirmou que, em liberalismo, ninguém o excedia.[257] Um segundo motivo era o seu desejo de que as leis fossem obedecidas não "pelo receio que têm os súbditos das penas nelas estabelecidas"[258] mas "pela convicção dos benefícios que elas possam fazer ao país"[259]. Portanto, embora Vasconcelos nada tenha afirmado sobre o conteúdo substantivo do princípio da liberdade, parece tê-lo considerado o informador da representatividade e legitimidade do poder político.

Mesmo que subscrevesse as causas do liberalismo, o político brasileiro não se deixou dominar pelo doutrinarismo típico dos ideólogos. Se valorizou em especial o princípio da liberdade, foi uma valorização sempre relativa. A liberdade seria para ele apenas um dos três princípios compreendidos na sua tríade fundamental, "Deus, trono e liberdade"[260]. Antes de privilegiar qualquer um deles, de forma cega e apaixonada, Vasconcelos — sempre com os olhos na realidade — buscou harmonizá-los à luz das circunstâncias. Afinal, tudo estaria sujeito às variações circunstanciais, as quais poderiam, a qualquer momento, desestabilizar as relações recíprocas entre os princípios da sua tríade.

Dentre tais relações, a mais delicada seria aquela entre o *trono* e a *liberdade*. Essa se caracterizaria, ao menos superficialmente, por uma potencial tensão. Segundo o parlamentar mineiro, aqueles dois princípios (*trono* e *liberdade*) deveriam manter-se em equilíbrio. Caso contrário,

---

256 Holub considera ter sido Vasconcelos o fundador das instituições parlamentares no Brasil (HOLUB, 1972, p. 42).

257 ASI, 02/07/1840.

258 *Ibid.*

259 *Ibid.*

260 ASI, 22/07/1839.

o acúmulo de fricção entre eles tenderia a fazer com que um viesse a destruir o outro.[261] E, na qualidade de princípios fundamentais, a destruição de qualquer deles seria intolerável. Portanto, um dos principais objetivos da ação política do estadista mineiro foi, conforme o caso, promover e preservar o equilíbrio possível entre o *trono* e a *liberdade*.[262] Em rigor, apesar de ele se referir ao *trono* como um princípio, trata-se, em realidade, de um símbolo metonímico. E dentre todos os princípios por ele potencialmente representados, é certo que Vasconcelos teria em mente aquele que é mais usualmente tido como o contraponto à liberdade: a *ordem*.

Leitor dos clássicos da política, o parlamentar brasileiro sabia que a tarefa de equilibrar liberdade e ordem era um desafio de consecução delicada. Ele não subscrevia a perspectiva monista, segundo a qual haveria um modo de se perfeitamente compatibilizar princípios antagônicos, sem prejuízo a qualquer deles. Pelo contrário, Vasconcelos reconheceu haver um *trade-off*. Nesse sentido, afirmou que "sem que a liberdade faça continuas transações com a ordem, sem que a liberdade faça empréstimos à ordem, e a ordem à liberdade, não há de prosperar o Brasil"[263]. Adicionalmente, de forma semelhante asseverou que "é muito difícil em alguns casos conciliar liberdade individual com segurança pública"[264], razão pela qual, se um governo quisesse "atender muito à liberdade individual"[265] perigaria a segurança pública.[266] Portanto, segundo o parlamentar mineiro, um estadista deveria alternar seu favorecimento da ordem ou da liberdade conforme as circunstâncias assim o exigissem. O equilíbrio possível entre ambos não seria estático, mas dinâmico.

---

[261] ASI, 22/07/1839.

[262] *Ibid.*

[263] ASI, 20/09/1841.

[264] ASI, 27/06/1849.

[265] *Ibid.*

[266] *Ibid.*

A partir do Regresso, porém, as circunstâncias foram tais que Vasconcelos notabilizou-se por favorecer apenas a ordem. Foi esse o princípio que embasou as suas críticas aos excessos do liberalismo que, segundo ele, teriam resultado na desmesurada descentralização estabelecida pelo Ato Adicional.[267] Nesse sentido, preocupado com a preservação da ordem num quadro de guerras civis, afirmou: "onde outros veem a liberdade, eu vejo precipitação e ruína"[268].

Com efeito, Vasconcelos denunciou o que considerava terem sido excessos liberalizantes da primeira metade da década de 1830, quando pensava-se que "o liberalismo consistia em derrubar tudo o quanto nos legaram os nossos antepassados"[269]. A proliferação das rebeliões provinciais motivou o sempre atento parlamentar mineiro a reconhecer um fato que lhe parecia alarmante: caso o excessivo grau de liberdade das leis brasileiras não fosse remediado a tempo, o Brasil se fragmentaria.[270] Acerca desse excesso, ele, que era um estudioso das diferentes formas de governo e da política comparada, chegou a afirmar da sua pátria sob a Regência:[271] "não sei que país do mundo seja mais livre que

---

[267] Segundo Lynch, para Vasconcelos, o Ato Adicional teria sido "o ponto alto do desastrado intento de promoção do progresso [...] por que o governo geral abdicara nas províncias os poderes de polícia e judiciários na primeira instância, sem distinguir de modo claro as atribuições gerais das provinciais". Tratar-se-ia de "um caso evidente de má cópia das instituições norte-americanas" em uma sociedade que "não estava suficientemente preparada para o federalismo", pois "vastas extensões territoriais do país encontravam-se fora do alcance do governo e das leis nacionais, estando suas populações nas mãos de selvagens, criminosos e bárbaros donos de terras" (LYNCH, 2015, pp. 322-3).

[268] ASI, 07/05/1840.

[269] ACD, 12/05/1838.

[270] Lynch observa que, a partir da "revolução liberal de 1821", Vasconcelos diagnosticava a "incapacidade demonstrada pela sociedade brasileira de digerir tanta mudança em tão curto período" (LYNCH, 2015, p. 321).

[271] Segundo Joaquim Nabuco, a Regência teria sido uma "república de fato, a república provisória" (NABUCO, 2010, p. 344).

o Brasil"[272]. Em seu entender, as circunstâncias daquele peculiar Império sul-americano não o autorizavam a ter "leis tão liberais"[273]. Vasconcelos sustentava que, no caso particular do Brasil regencial, a receita para se equilibrar ordem e liberdade passava pelo fortalecimento da primeira em detrimento da segunda.

Nessa sua aproximação ao campo da ordem, Vasconcelos não pareceu temer sua identificação com o arbítrio. Apesar de se ter na conta dos campeões do liberalismo, o parlamentar brasileiro chegou a afirmar: "estou persuadido de que na sociedade é indispensável o arbítrio em alguns casos"[274]. Dentre esses, referiu-se expressamente, ainda que *en passant*, a pelo menos dois: aqueles "em que a lei não pode providenciar"[275] e aqueles em que a legislação "deixar de satisfazer a muitas necessidades públicas"[276]. A falta de maiores explicações da parte de Vasconcelos deixa, aqui, alguma margem à interpretação. Aparentemente, o arbítrio seria justificado no caso de lacunas legais ("lei não pode providenciar"), ou de legislação ineficaz ("deixar de satisfazer a muitas necessidades públicas").

Contudo, essa admissão de que "na sociedade é indispensável o arbítrio em alguns casos"[277] não significaria, alega-se, uma apologia ao despotismo. Seria antes uma profissão de realismo político: as leis positivadas se relevariam por vezes insuficientes, razão pela qual o governo estaria autorizado, em caso de necessidade, a agir nas suas lacunas. Segundo Vasconcelos, por melhor que fosse a legislação, ser-lhe-ia impossível dispor sobre a totalidade dos casos, especialmente em um Estado em vias de construção, como era o brasileiro.

---

[272] ASI, 08/07/1840.

[273] *Ibid.*

[274] ASI, 14/07/1840.

[275] *Ibid.*

[276] ASI, 14/07/1840.

[277] *Ibid.*

Por isso, parece razoável supor que o estadista mineiro entendesse que o governo constitucional, na qualidade de legítimo "representante da nação",[278] pudesse agir naquelas situações. Portanto, ao reconhecer a indispensabilidade do arbítrio, Vasconcelos não parece ter sugerido que o governo agisse para suprimir a liberdade, mas que se valesse de sua legitimidade constitucional para agir nas lacunas da legislação. O arbítrio que julgou indispensável não seria sintoma de despotismo, mas de uma proto-*Realpolitik*.

É verdade, porém, que o pensamento do estadista mineiro chegou a penetrar mais fundo no terreno do arbítrio. Caminhando já em pleno pântano do autoritarismo, ele não evitou dilemas que paralisariam um liberal doutrinário. Por exemplo: a ter de optar entre o despotismo sob um ditador ou a "liberdade em tumulto"[279], afirmou que se "inclinaria ao despotismo de um só"[280]. Contudo, parece razoável afirmar que Vasconcelos sabia se tratar de um falso dilema. Não se trataria de optar entre, de um lado, um *despotismo máximo* ("despotismo de um só") ou, de outro, uma *liberdade precária* ("liberdade em tumulto"). Tratar-se-ia, isso sim, de optar entre, respetivamente, o excesso de ordem que *asfixiaria* a liberdade ou a ausência de ordem que *impossibilitaria* a liberdade. A "liberdade em tumulto" seria, em realidade, apenas uma outra forma de despotismo: aquele da multidão. E dentre ambas as modalidades despóticas, essa seria a pior, pois prejudicaria não apenas a liberdade, mas também a ordem.

A preferência pelo despotismo de um só face àquele da multidão foi relevadora. Descortinou uma convicção básica ao pensamento político de Vasconcelos: a liberdade não conseguiria sobreviver em meio ao caos. Para o político mineiro, a existência daquela requereria um nível

---

278 *Ibid.*

279 ASI, 03/07/1840.

280 *Ibid.*

mínimo de ordem.[281] Isso significava que, no Brasil das guerras civis, em que a ordem era moribunda, a liberdade estaria igualmente condenada.[282] No caso, Vasconcelos sustentou que a única salvação para ambas implicava o prejuízo momentâneo da liberdade. Afirmou que, quando a ordem estivesse em perigo, se deveria propender "mais para ela do que para a liberdade"[283]. Por isso, assinalou que não hesitaria em "pedir emprestado à liberdade meios com que fortifique a ordem"[284]. Sua esperança era que, uma vez restabelecida a segunda, haveria condições adequadas para se recuperar a primeira. Se o empréstimo resultasse, ambas sobreviveriam. E o prejuízo imposto à liberdade não teria sido em vão.

Tal empréstimo da liberdade à ordem não seria casual. Seria, argumenta-se, reveladora da hierarquia axiológica subjacente ao pensamento de Vasconcelos. Nele, de fato, a ordem parece ocupar uma posição privilegiada relativamente à liberdade. Aos olhos do parlamentar mineiro, contudo, tal situação não poderia ser diferente. Se a liberdade dependeria de um nível mínimo de ordem, esta poderia, entretanto, subsistir na ausência daquela. Dessa perspectiva, o pior dos cenários seria a inexistência de ordem, uma vez que implicaria, necessariamente, a ausência também de liberdade.

---

[281] No nível teórico, liberdade e ordem são classicamente consideradas antagônicas. Mas tal antagonismo desaparece em um cenário de caos e despotismo. Nesse caso extremo, fortalecer a ordem não significaria enfraquecer a liberdade. Quando tanto a ordem como a liberdade estão em perigo, haveria entre elas uma relação de coordenação, em que fortalecer a ordem significaria garantir as condições de subsistência da liberdade.

[282] Nesse sentido, João Camilo de Oliveira Torres observa que: "A liberdade somente existe quando o regime do arbítrio, corrente nas ocasiões em que a desordem e o despotismo devastam as sociedades pela força das paixões desaçaimadas, vem a ser substituído pelo império da lei" (TORRES, 1968, p. 10).

[283] ASI, 03/07/1840.

[284] *Ibid.*

Apesar do conservadorismo manifesto nessa hierarquia, nem por isso Vasconcelos considerava-se menos liberal. Ele tinha, de fato, especial apreço pela liberdade. Jamais pretendeu prejudicá-la. Por essa razão, o referido empréstimo deveria ser minimalista, de forma a evitar prejuízos desnecessários à emprestadora. Nesse sentido, asseverou que jamais fora um "monarquista puro"[285], no sentido absolutista, portanto, e "que professasse a ideia de ordem somente"[286] [287]. Ao contrário, ele sempre desejou "o consórcio da ordem com a liberdade"[288] e jamais "quis destacar estas duas ideias"[289] uma da outra. Se chegou a favorecer a ordem em prejuízo da liberdade, foi porque teria sido compelido pelas extraordinárias circunstâncias do Brasil à época, um país dilacerado por guerras civis.

Ao desejar referido consórcio ordem-liberdade, Vasconcelos não abdicava do seu característico realismo. Tratava-se de um objetivo de difícil, porém não impossível, consecução. De fato, o já referido *trade-off* entre aqueles princípios inviabilizaria uma solução permanente e definitiva. Mas a acomodação caso a caso, nas circunstâncias particulares de cada um, não deixaria de ser viável. Pois, apesar de reconhecer aquele *trade-off*, o parlamentar brasileiro não o considerava expressão de uma incompatibilidade essencial. Foi nesse sentido que afirmou: "a liberdade e a ordem seriam dois vizinhos que podem muito bem viver em harmonia"[290].

---

285 ASI, 14/07/1848.

286 *Ibid.*

287 Ainda nesse sentido, Vasconcelos afirmou quando deputado: "Ora eu, em vista da constituição do império, digo que não merece elogio quem restabelece a ordem somente. É preciso que a ordem seja restabelecida com liberdade, porque, senhores, o nosso systema de governo não reconhece ordem sem liberdade; elle, pelo contrario, proclama a alliança eterna, e inseparável da ordem e da liberdade" (ACD, 17/07/1837).

288 ASI, 14/07/1848.

289 *Ibid.*

290 ASI, 20/07/1841.

Mais até: uma vez que a liberdade teria na ordem uma condição de existência, a relação entre ambas mudaria de natureza. Deixaria de parecer *essencialmente* opositiva, para se revelar opositiva apenas *superficialmente*. A essência da relação entre liberdade e ordem, aquela existente ao nível mais basilar, não seria de oposição, mas de coordenação. Nesse sentido, Vasconcelos afirmou que, em uma sociedade política, a "maior soma de liberdade"[291] de que pode gozar a população requer "que o governo tenha força para proteger"[292] aquela liberdade. Sempre atento à realidade social, o estadista mineiro sabia haver nela elementos potencialmente caóticos[293] que, caso fugissem ao controle, fatalmente ameaçariam a autonomia dos cidadãos. Tal motivo levou-o a assinalar que a liberdade corre perigo "quando o governo é fraco, sem meios de poder desempenhar os seus deveres"[294]. Pecando por óbvio exagero retórico, sua máxima a respeito era: "quanto mais força tem o governo, tanto mais livre é o País"[295]. E foi precisamente por isso que ele, apesar de liberal, defendeu um governo forte, pois entendia ser "mister que o governo tenha a necessária força; porque é só assim que ele pode fazer o bem e prevenir o mal"[296].

Essa associação entre liberdade e ordem, garantida por um governo representativo forte, está presente também em Burke. O parlamentar britânico não foi um doutrinário apaixonado por um único princípio de estimação. Ele defendeu que um regime político não deveria privilegiar, de forma exclusiva, nem a ordem nem a liberdade. Em vez disso, deveria buscar conciliá-las, de uma forma consistente e adequada.[297] O objetivo

---

291 ASI, 30/06/1840.

292 *Ibid.*

293 Por exemplo, as facções, caudilhos e outras sedes ilegítimas de poder político.

294 ASI, 30/06/1840.

295 *Ibid.*

296 VASCONCELOS, 1999, p. 242.

297 BURKE, 1999b, p. 362.

deveria ser mantê-las em equilíbrio, entendido não como uma harmonia absoluta, mas como uma tensão administrável.[298] No nível da experiência concreta, essa tensão estaria expressa no conceito burkeano de liberdade civil, o qual traduziria uma síntese possível, embora imperfeita, entre liberdade prática e ordem.[299] Portanto, para Burke, o significado de liberdade civil extrapolaria a simples componente prática — o seu gozo em meio às instituições da sociedade. Comportaria, adicionalmente, um componente de ordem; seria uma liberdade qualificada pela ordem.[300] Segundo o estadista britânico, essa *liberdade ordenada* seria o princípio vital de um governo bom e estável; e por isso, também a característica distintiva da Constituição britânica.[301, 302]

A ordenada seria, ademais, a única modalidade de liberdade possível em uma comunidade política. Burke e Vasconcelos também convergiram nesta percepção fulcral aos seus pensamentos: o colapso da ordem aniquilaria a liberdade.[303,304] Tal qual seu congênere brasileiro, o parlamentar britânico percebia que, por não ser a liberdade capaz de sobreviver em meio ao caos, sua existência dependeria de um nível adequado de ordem. Qualquer prolongado período caótico levaria a liberdade primeiro a agonizar e, depois, fatalmente a desaparecer. Portanto, à semelhança de Vasconcelos, Burke também associou a manutenção da ordem a um governo forte.[305] Trata-se de mais uma importante convergência entre os seus realismos.

---

298 KIRK, 2016, p. 169.

299 BURKE, *op. cit.*, p. 362.

300 KIRK, *op. cit.*, p. 136.

301 BURKE, 1992c, p. 104.

302 A liberdade revolucionária dos franceses, pelo contrário, não seria ordenada, mas viciosa e caótica. (*Ibid.*, p. 104).

303 BURKE, 1992d, pp. 11-2.

304 RITCHIE, 1992, p. x.

305 Nesse sentido, afirmou: "*If this real practical liberty, with a government powerful to protect, impotent to evade it, be established, or is in a fair train of being established in the democracy, or rather collection of democracies, which seem to be chosen for the future frame*

Contudo, o britânico enquadrou o conceito de ordem sob um prisma notavelmente mais amplo. Para Burke, não se tratava a ordem de um princípio exclusivamente político. Se ao brasileiro preocupava, sobretudo, o enfraquecimento da ordem em razão do caos governativo produzido pelas guerras civis, ao britânico, para além dos riscos propriamente políticos, preocupava igualmente o enfraquecimento da ordem em razão de elementos de natureza moral.

Segundo Burke, a ordem não seria um produto exclusivo da política, seria antes o efeito de uma virtude psicológica, mais precisamente, da capacidade de as pessoas controlarem os seus apetites e impulsos; ou seja, da temperança. A ordem em sociedade espalharia, portanto, longas raízes. Essas penetrariam até as camadas mais profundas da personalidade. Ancorar-se-iam, em última instância, na moral individual de cada um dos habitantes de uma comunidade.

Ainda segundo Burke, a moral serviria de rocha de primeira ancoragem não apenas à ordem, mas também à liberdade. Na ausência da âncora moral, a liberdade se converteria em libertinagem. Essa tumultuaria as mentes dos cidadãos, impossibilitando-lhes o pleno exercício daquele direito humano fundamental.[306] O problema, porém, extrapolaria os limites da psicologia individual. A desordem moral interna às pessoas teria reflexos também ao nível da coletividade, uma vez que, para Burke, a liberdade prática não seria solitária, mas, civil, pelo que teria claro cunho coletivo.[307] Por isso, tanto em relação à ordem como

---

of society in France, it is not my having long enjoyed a sober share of freedom, under a qualified monarchy, that shall render me incapable of admiring and praising your system of republics. I should rejoice, even though England should hereafter be reckoned only as one among the happy nations, and should no longer retain her proud distinction, her monopoly of fame for a practical constitution, in which the grand secret had been found, of reconciling a government of real energy for all foreign and all domestic purposes, with the most perfect security to the liberty and safety of individuals" (BURKE, 1992d, pp. 11-2).

306 BURKE, 1992a, p. 69.

307 BURKE, 1992d, pp. 7-8.

à liberdade, a sociedade como um todo sofreria em razão da intemperança dos indivíduos. Eis a razão pela qual, para o estadista britânico, a liberdade ordenada teria seu fundamento mais profundo não na política, mas na moral.

Em que pese esse protagonismo do moral sobre o político, na defesa que fez da liberdade ordenada, Burke não deixou de reservar responsabilidades ao Estado. Sustentou ele que, por dependerem a ordem e a liberdade na temperança dos indivíduos, caberia ao Estado evitar que a eventual ausência de freios morais por parte deles viesse a prejudicar a liberdade ordenada em sociedade. Nesse sentido, os aparatos policial e judicial agiriam como freios externos que, mediante a repressão ou dissuasão, visariam a garantir que a intemperança dos indivíduos não resultasse em comportamento antissocial. Por fim, Burke pensava haver uma lógica de compensação entre tais freios externos, de natureza legal, e os internos, de natureza moral.[308] Acerca do poder tutelar sobre os apetites, afirmou: "quanto menos dele houver dentro, mais dele terá de vir de fora"[309].

---

[308] Ivone Moreira afirma que, para Burke, "os hábitos de conduta são mais importantes que as leis, as quais dependem deles em grande medida, porque estes agem permanentemente e as leis apenas ocasionalmente, já que o princípio de actuação do hábito é interno ao sujeito e a lei actua a partir do exterior" (MOREIRA, 2012, p. 152).

[309] "*the less of it there is within, the more there must be without*" (BURKE, 1992a, p. 69).

3

Reformismo

3.1 Prudência

É verdade que Burke preocupava-se com o resguardo da liberdade ordenada. Porém, a pedra angular do seu pensamento era outra: a prudência.[1] Dentre todas as virtudes políticas, considerava-a especial e, por isso, digna de uma posição privilegiada face às demais.[2] Numa hipotética orquestra da política, em que as virtudes fariam a vez dos instrumentos, cada qual com o seu timbre próprio, a prudência ocuparia o pódio reservado ao regente. Do alto, caberia a ela coordenar a sonoridade dominante, estipulando, a cada compasso, quais valores deveriam soar, e em qual intensidade. O parlamentar britânico atribuía à prudência, portanto, o papel de regular todas as demais virtudes políticas.[3, 4] Trata-se de um notável protagonismo. Não foi sem razão que ele a teria chamado de "a deusa dessa esfera terrena"[5].

Diferentemente de Burke, Vasconcelos jamais concedeu à prudência uma posição tão privilegiada. Esse tratamento menos reverencial faz-se notar desde logo em seus discursos, na escassez de referências expressas.

---

1 MANSFIELD JR., 1987, p. 692.

2 BURKE, 1992c, p. 91.

3 MOREIRA, 2012, p. 115.

4 BURKE, 1992c, p. 91.

5 "*the god of this lower world*" (apud MANSFIELD JR., *op. cit.*, p. 693).

Contudo, apesar dessa lacuna, a prudência não deixou de desempenhar um papel relevante na reflexão política do estadista mineiro. E, sobretudo, na forma como entendia que deveria se dar o processo de mudança em política.

Em Burke, a centralidade da prudência está diretamente associada ao poder das circunstâncias na conformação da realidade política. Como referido no capítulo 2.1.1, segundo o britânico, variações circunstanciais poderiam alterar, a todos os momentos, qualquer padrão de regularidade nessa nossa "esfera terrena". As ações políticas estariam permanentemente sujeitas a alterações no seu quadro circunstancial. Por isso, seus resultados jamais poderiam ser perfeitamente previsíveis. A importância da prudência derivaria, precisamente, de sua aptidão para mitigar os riscos decorrentes dessa imprevisibilidade nos resultados das ações humanas. Sobre essa relação direta entre prudência e circunstâncias, Ivone Moreira afirma que, para o parlamentar britânico, agir prudentemente significaria "saber agir segundo as circunstâncias sem perder de vista os princípios, ou saber aplicar os princípios às circunstâncias"[6].

Mas, para Burke, as circunstâncias afetariam não apenas a referida "esfera terrena", entendida como o mundo da experiência. Variações circunstanciais teriam o condão de alterar padrões de regularidade também na esfera dos princípios.[7] Segundo o estadista *whig*, as circunstâncias impactariam não apenas os efeitos operados pelos princípios, mas até mesmo os seus conteúdos axiológicos. Nesse sentido, seriam elas que dariam a cada princípio político, além dos seus efeitos característicos, também a sua cor.[8] De volta à analogia da orquestra: se as circunstâncias poderiam afetar até mesmo a afinação de cada instrumento (cor do

---

6 MOREIRA, 2012, p. 114.

7 MANSFIELD JR., 1987, p. 693.

8 BURKE, 1999b, p. 93.

princípio), a figura do regente (prudência) se faria ainda mais necessária. Dessa perspectiva, a atenção que o parlamentar britânico dedicou às circunstâncias releva-se, no fundo, uma preocupação prudencial.[9] A prudência seria uma modalidade especial de cautela, necessária face ao desmesurado poder das circunstâncias.

Segundo Burke, esse protagonismo da prudência significaria que, antes de qualquer outro princípio, caberia a ela a orientar as decisões dos agentes políticos.[10] Na referida condição de "deusa dessa esfera terrena"[11], seria no altar da prudência que os estadistas deveriam rezar. Contudo, o parlamentar *whig* sabia tratar-se de uma divindade especialmente exigente e arredia. E esse tipo de personalidade, por certo, apenas dificultaria as tarefas de governação. A prudência resistiria a ser dominada pelo intelecto. O seu conteúdo mandamental não seria objetivo, mas sempre relativo, variável conforme o caso e, portanto, de impossível determinação apriorística. Em razão dessas características, a prudência dificilmente se prestaria a determinar regras. E, mesmo as regras que ela eventualmente determinasse, jamais seriam universais.[12] Pelo contrário, além de elusivas e de difícil apreensão, seriam geralmente *ad hoc*.[13] Portanto, apesar de deusa mestra dos estadistas, a prudência não faria conhecer aos seus devotos os mistérios do seu culto. Orientar-se pela prudência não seria jamais uma tarefa fácil; pelo contrário, por demandar uma análise exaustiva das circunstâncias que conformam a realidade, seria invariavelmente laboriosa e exigente.

Determinar as regras prudenciais em cada caso concreto seria, no entanto, apenas a primeira das provações impostas por aquela exigente divindade. Haveria ainda uma segunda, decorrente do fato de ela possuir

---

9 MOREIRA, 2015, p. 24.

10 KIRK, 2016, p. 196.

11 MANSFIELD JR., *op. cit.*, p. 693

12 BURKE, 1999a, p. 69.

13 MANSFIELD JR., *op. cit.*, p. 693.

dois corpos. Em realidade, não existiria apenas uma, mas duas modalidades diversas de prudência. Na imaginária orquestra dos princípios, a prudência ocuparia, simultaneamente, tanto o pódio do regente (prudência regencial)[14] como uma cadeira de instrumentista (prudência instrumental). Em razão desse caráter dual, poderia ela, de forma solipsista, ser aplicada sobre si mesma, originando, assim, uma espécie de "meta-prudência": a prudência na aplicação da própria prudência.

Essa modalidade regencial seria aquela que Harvey Mansfield Jr. denominou "prudência alta"[15]. Conforme aquele comentador, essa incidiria sobre a instrumental, de forma que, algo paradoxalmente, poderia até mesmo relativizar a aplicação dessa última.[16] Curiosamente, portanto, a depender das circunstâncias, a prudência alta poderia recomendar ao estadista que agisse menos prudentemente. Segundo Mansfield Jr., seria justamente essa variedade alta, de natureza regencial, que ocuparia o cume das virtudes no pensamento político de Burke.[17]

Em meio aos estonteantes e sucessivos turbilhões das circunstâncias, orientar-se pela prudência constituiria um desafio duplamente complicado. Mas, felizmente, apesar da enorme dificuldade, não deixaria de haver meios de minimizá-la. Na ausência de regras universais que o estadista pudesse observar — de forma a certificar-se de que sua ação estaria conforme a prudência —, Burke sugeriu duas estratégias.

A primeira funcionaria como uma substituta heurística; seria o exercício da virtude subjetiva da moderação:[18] o bom senso conjugado à percepção acurada da realidade. Pois, entendia o autor das *Reflections* que

---

[14] Nesse sentido, Ivone Moreira afirma que: "À prudência, cabe, em concreto, a escolha do princípio a aplicar" (MOREIRA, 2012, p. 115).

[15] "*higher prudence*" (MANSFIELD JR., 1987, p. 693).

[16] *Ibid.*, p. 693.

[17] *Ibid.*, p. 692.

[18] Para Burke, a moderação seria favorecida pela via do repouso e do lazer (BURKE, 1992a, p. 72).

a prudência seria favorecida pela moderação — virtude que reputava ser a característica das mentes superiores.[19] Intelectos moderados não ignorariam que o conhecimento humano seria invariavelmente precário e imperfeito. Seria esse um corolário dos limites da própria natureza humana, de sua inaptidão intelectual para abarcar a realidade em toda a sua extensão e complexidade. Tais mentes superiores jamais se deixariam dominar por certezas absolutas; nunca deixariam de desconfiar de suas próprias certezas. Seriam modestas, o que as conduziria, naturalmente, a serem também moderadas.[20] Essa moderação, por sua vez, teria por efeito incidental orientar o estadista para a prudência. Portanto, a inexistência de regras prudenciais universais tornaria ainda mais necessário que o estadista cultivasse o senso de medida. Poderia ele, assim, valer-se da moderação da sua própria mente como uma espécie de bússola prudencial.

Ademais ao cultivo de uma personalidade moderada, a fim de orientar-se pela prudência, um estadista poderia recorrer a uma segunda estratégia: a deferência ante a experiência histórica. Por ser a experiência individual naturalmente limitada, Burke recomendava que o estadista respeitasse a sabedoria acumulada pela civilização, tal qual manifesta nos seus hábitos, preconceitos e modos de vida,[21] pois que cristalizariam, nas palavras de Ivone Moreira, "um saber infuso presente nas sociedades"[22]. Dessa perspectiva, a prudência pareceria beneficiar-se de um acatamento perante o tradicional.

Não se trataria de uma veneração acrítica e subserviente ao passado, mas de um tratamento respeitoso à sabedoria legada pelas gerações precedentes. Se tal respeito seria obviamente incompatível com o progressismo "de varrer e fazer desaparecer o passado e de renovar todas as

---

19 BURKE, 1992d, p. 16.

20 *Ibid.*, pp. 6-7.

21 KIRK, 2016, p. 346.

22 MOREIRA, 2012, p. 30.

coisas"[23], por outro lado, se harmonizaria à perfeição com o verdadeiro progresso, bem entendido como o "processo gradual de adaptação dos costumes, das leis e das instituições"[24]. Se Burke negou que a prudência pudesse ser decomposta em regras gerais, ele não deixou de sustentar que dela seria lícito extrair-se ao menos uma presunção genérica: a reprovação à inovação pela inovação.[25]

Entendia Burke que, no turbilhão revolucionário que convulsionava a França, a prudência lamentaria que a civilização que produzira o regime francês fosse tão levianamente abandonada, quando deveria ser antes corrigida e aperfeiçoada. O avanço civilizacional não deveria descartar o que haveria de valor na tradição. Burke reconhecia que a mudança era uma força irresistível. Mas, a seu ver, essa constatação não justificaria a sua promoção a norte moral. Em si mesma, a inovação política não constituiria virtude alguma. Pelo contrário: por ciente do potencial disruptivo nela latente, o sempre prudente parlamentar britânico recomendava que a força da mudança fosse domesticada. O ímpeto inovador deveria ser substituído por uma alternativa atenuada (e menos leviana): o espírito de reforma.[26, 27]

Como será visto no subcapítulo seguinte, apesar de afins,[28] *inovação* e *reforma* eram para Burke conceitos claramente distintos. Um jamais deveria ser confundido com o outro. Enquanto a primeira seria a *mudança alucinada e imprudente*, a segunda seria a *mudança gradual e prudente*.[29] Segundo ele, o pior de todos os males em política seria confundir um ímpeto de inovação cego e furioso com uma reforma.[30]

---

[23] CANAVAN, 2016, p. 408.
[24] *Ibid.*, p. 408.
[25] BURKE, 1999a, p. 136.
[26] KIRK, *op. cit.*, p. 358.
[27] BURKE, 1992e, p. 273.
[28] BURKE, 1992f, pp. 225-6.
[29] CANAVAN, 2016, p. 409.
[30] BURKE, 1992e, p. 273.

O estadista moderado, prudente e reformador defendido por Burke era o perfeito antípoda aos revolucionários franceses. Por pretenderem forjar um novo modelo de Estado e uma nova espécie de sociedade, esses encarnariam a própria imoderação e, portanto, também a imprudência.[31] O parlamentar *whig* viu no pensamento e conduta jacobinos a prova que, tal qual um dogma religioso, as teorias políticas também poderiam inspirar fanatismo,[32] o estágio mais avançado da imoderação.

Para Burke, o inovador fanatizado estaria entre os tipos mais perigosos de homem. Dentre todos os fanáticos, o mais perigoso seria o "ateu caloroso, aplicado e de cabeça quente"; o qual, inebriado pelas teorias dos direitos dos homens e da soberania popular, desejaria tudo dominar.[33] Conforme já mencionado, os jacobinos recusavam-se a transigir com os direitos dos homens; consideravam que qualquer outra base de governo seria, por definição, uma intolerável usurpação e violência a tais direitos.[34] Perfeitamente sistemáticos e inflexíveis em sua busca à perfeição, recusavam qualquer indulgência que maculasse os seus preciosos princípios. Desse modo, não admitiam gradação na sua aplicabilidade: os princípios revolucionários deveriam ser levados sempre até o seu limite.[35] Aos olhos de Burke, tal intransigência não seria apenas idealista, mas verdadeiramente imprudente e fanática. Ele tinha por certo que a prudência reprovaria tamanha inflexibilidade no tratamento de questões tão complexas e delicadas como aquelas da política.

Datando o seu Regresso cerca de meio século após a Queda da Bastilha, Vasconcelos não tinha a Revolução Francesa no rol de suas

---

31 BURKE, 1992a, p. 60.

32 BURKE, 1992c, p. 182.

33 "*Of all men, the most dangerous is a warm, hot-headed, zealous Atheist. This sort of man aims at dominion, and his means are, the words he always has in his mouth, "L'égalité naturelle des Hommes, et la Souveraintè du Peuple*" (BURKE, 1992f, p. 239).

34 BURKE, 1992c, p. 93.

35 *Ibid.*, pp. 193-4.

referências imediatas. Assim, compreende-se que as preocupações do estadista brasileiro tenham passado ao largo da imprudência filosoficamente inspirada dos revolucionários franceses. Em realidade, ele sequer parece ter refletido em profundidade acerca do tema da prudência em política. Não obstante essa lacuna, argumenta-se que, as raras referências existentes sugerem haver uma razoável coincidência de perspectivas entre o seu pensamento e aquele de Burke.

Com efeito, ainda que menos fervoroso, Vasconcelos tampouco deixou de ser devoto da prudência. Ele sustentava que os estadistas, ao decidirem questões delicadas, deveriam refletir cuidadosamente sobre todas as suas dimensões. Essa defesa de uma ponderação prudencial motivou o parlamentar mineiro a opor-se ao radicalismo. Ainda em sua "Carta aos Eleitores da Província de Minas Gerais", o jovem deputado em primeiro mandato já elogiava a moderação da Câmara dos Deputados que, ao legislar sobre dada matéria, ateve-se ao meio-termo, pois, segundo afirmou, "a verdade não se acha nos extremos"[36].

De forma ainda mais semelhante a Burke, Vasconcelos reconheceu que a prudência justificaria não apenas a moderação, mas também uma presunção relativa em favor da preservação das instituições existentes. Tal presunção contrapunha-se ao ímpeto inovador associado à revolução e às versões extremadas de liberalismo. Em matérias que requereriam ponderação, o parlamentar brasileiro afirmava ser provavelmente melhor deixar "as coisas no *statu quo*, do que fazer-se uma inovação tão perigosa"[37].

Mas, conforme já referido, Vasconcelos jamais buscou congelar o presente. Ele percebia que, em razão da variação das circunstâncias, a realidade seria irrefreavelmente dinâmica. Também aceitava a necessidade de mudanças, tendo afirmado: "não sou oposto às inovações, sou

---

[36] VASCONCELOS, 1999, p. 88.

[37] ASI, 14/06/1841.

oposto às precipitações"[38]. Portanto, via a mudança como gênero no qual distinguia ao menos duas espécies: as *inovações* e as *precipitações*.

Algo confusamente, para o estadista mineiro, as referidas "inovações perigosas" não seriam as primeiras,[39] mas as segundas. Ao seu ver, precipitadas seriam aquelas mudanças que, por prescindirem de adequada ponderação, rejeitariam o "que existe, só porque existe, ou porque nos foi legado por nossos antepassados"[40]. Já as *inovações*, ele aceitava-as de bom grado, desde que fossem necessárias e feitas gradualmente — posicionamento que denominou "conservador progressista"[41].

Essa valorização da prudência fez-se notar na conduta parlamentar de Vasconcelos, relativamente às questões políticas mais candentes do seu tempo. Um exemplo: foi por amor à prudência que, em 1840, ele condicionou seu apoio a uma proposta de inovação — a antecipação da maioridade de D. Pedro II — ao que ele entendia serem "garantias para o trono, e para o país"[42]. Referia-se ele a "um sólido conselho de Estado com atribuições bem claras e definidas na lei, a reforma da legislação [...]; a reforma dos códigos e providências sobre administração financeira"[43]. Essa relação pormenorizada de garantias bem parece evidenciar uma preocupação prudencial.

Foi igualmente em observância à prudência que o estadista mineiro criticou o parlamento por legislar sobre objetos "que não estão bastantemente amadurados para receber o cunho da lei"[44]. De forma prudente, argumentou que algumas iniciativas legislativas, em vez de receberem

---

38 ASI, 12/08/1848.

39 À diferença de Burke, o termo "inovação" não tem, para Vasconcelos, sentido necessariamente pejorativo.

40 ASI, 12/08/1848.

41 *Ibid.*

42 ASI, 18/07/1840.

43 ASI, 18/07/1840.

44 ASI, 27/09/1843.

a forma de lei, deveriam ficar "na alçada dos regulamentos e dos decretos de governo"[45]. Vasconcelos tinha tais formas infralegais em alta conta, pois via-os como meios de "ensaios governativos"[46], adequados para disporem sobre questões que, por carecerem de suficiente amadurecimento, ainda não seriam dignas do cunho legal. A seu ver, portanto, a utilidade dos regulamentos e decretos decorreria dessa sua função eminentemente prudencial.

Além da presunção em favor do existente e da valorização da ponderação, segundo Vasconcelos, a prudência teria ainda um terceiro corolário: eventuais inovações deveriam ser realizadas preferencialmente de forma gradual. O estadista mineiro favorecia o gradualismo da mudança incremental. Tal favorecimento resta nitidamente claro em suas declarações sobre o Regresso. Conforme já referido no Capítulo 1, objetivava esse programa político uma mudança de rumos, a fim de desfazer o que considerava terem sido excessos liberalizantes. Mas, nem por isso, deveria tal mudança de rumos provocar solavancos. Para "fazer parar o carro revolucionário"[47], Vasconcelos optava por começar pelo uso do freio-motor, jamais pela puxada abrupta do freio de mão. Escreveu que o método do Regresso não era o de "fazer parar de um jato a revolução no país"[48], mas, pelo contrário, em observância à prudência e à moderação, "ir pouco a pouco travando as rodas do carro revolucionário"[49]. Seu objetivo era harmonizar "as instituições às ideias"[50], mas sempre de maneira gradual.

Tal *ethos* incremental não deveria pautar apenas o Regresso. Ele teria uma aplicação mais ampla. Segundo o estadista mineiro, seria aplicável igualmente ao progresso, ou seja, também às inovações. Com efeito,

---

45 *Ibid.*

46 ASI, 27/09/1843.

47 ASI 23/05/1844.

48 *Ibid.*

49 *Ibid.*

50 ASI, 14/05/1844.

o gradualismo já fora defendido por Vasconcelos ainda em 1834 (e, portanto, antes do Regresso), por ocasião do debate sobre a questão federalista. Como então integrante do campo liberal moderado, ele concordava em atenuar a centralização, "mas não de um jato que faça dar um grande salto"[51]. No seu entender, "em tais matérias o mais conveniente é seguir a experiência que nega tais saltos"[52]. Além disso, observou que "tudo procede progressivamente com diferenças quase imperceptíveis,"[53] e que "a experiência nos mostra que todas as vezes que se tem adotado tais saltos, os efeitos têm sido sempre desgraçados".[54] Portanto, fosse para desfazer inovações indevidas, fosse para realizar inovações necessárias, o ritmo da mudança deveria ser igualmente gradual e sem sobressaltos. Para Vasconcelos, a política seria incompatível com inversões ou avanços súbitos. Tal qual em Burke, esse repúdio a sobressaltos parece ter sido informado principalmente por uma consideração prudencial.

3.2 Tradição e progresso

3.2.1 Permanência

Burke estranharia a retórica política deste primeiro quartel do século XXI. A combinação de progresso tecnológico com o imperativo pós-moderno de questionamento das instituições, quebra de paradigmas e crítica ao tradicional produziu uma retórica política avessa à continuidade e favorável à inovação.[55] Trata-se de um discurso completamente

[51] VASCONCELOS, 1999, p. 222.

[52] *Ibid.*, p. 223.

[53] *Ibid.*, p. 223.

[54] *Ibid.*, p. 223.

[55] Da qual foi um marcante exemplo o *slogan* "*Change we can believe in*" da campanha de Barack Obama à presidência dos Estados Unidos da América, em 2008.

alheio à disposição do estadista britânico. Para ele, em política, a substituição do conhecido pela novidade seria um recurso extremado; nunca algo cotidiano, que pudesse ser levado a cabo levianamente. Tal substituição não poderia prescindir de uma investigação prévia, que buscasse descobrir no existente todas as suas potencialidades subaproveitadas.[56] Não haveria glória alguma no hábito mental de tudo questionar. Pelo contrário, nele haveria apenas infortúnio.[57]

Ao contrário do que possa parecer, Burke não foi um inimigo da mudança. Conforme já referido no Capítulo 2, o estadista britânico considerava ser ela uma força natural e irresistível, mas não necessariamente prejudicial. O real perigo residiria em uma modalidade específica de mudança: a inovação — a qual tinha por extremada e nefasta.[58] Diante da inevitabilidade do dinamismo social, restaria à política buscar que as mudanças fossem mais benéficas do que prejudiciais.[59] E estas últimas seriam potencializadas sempre que a mudança fosse inovatória. O real problema não seria mudar, mas inovar.

Essa censura de Burke à inovação em política tampouco resulta de uma cosmovisão tradicionalista, segundo a qual a tradição teria um valor em si mesma. Na realidade, tal censura possui uma inspiração funcional. Em se tratando da Constituição de um Estado, a condenação do hábito de se tudo nela questionar tem um cunho eminentemente prático: o constante questionamento faria do pacto fundamental um objeto de crítica, em vez de fruição.[60] Tudo criticar na Constituição, pretendendo inová-la em todos os aspectos, equivaleria a pouco ou nada dela fruir. Aos olhos de Burke, essa seria uma disposição absolutamente

---

56 BURKE, 1999b, p. 263.

57 *Ibid.*, p. 187.

58 Na sequência, este estudo tratará de uma segunda espécie de mudança que era favorecida por Burke, qual seja, a reforma.

59 MANSFIELD JR., 1987, p. 703.

60 BURKE, 1999b, p. 187.

inadequada à política, a qual deveria principiar não pela indignação face às suas imperfeições, mas pela gratidão pelos seus benefícios.[61]

Após refletir sobre as origens da disposição inovadora, Burke concluiu que estaria associada a dois traços de personalidade: o egoísmo e o confinamento intelectual.[62] Não supreendentemente, são traços afins e complementares. Somados, compõem a imagem de um sujeito ensimesmado, cuja clausura mental o impossibilitaria de perceber as nuances da realidade. Vista por esse ângulo, o ímpeto de tudo inovar decorreria de um distanciamento em relação ao mundo real, substituído por um *ersatz* idiossincrático.

Alguém tão fechado sobre si mesmo seria o antípoda perfeito de Burke. Em vez de confinado, o horizonte de consciência do parlamentar britânico era excepcionalmente amplo. A percepção de muito da inesgotável complexidade do mundo, em vez de fazer-lhe arrogante, fez-lhe, antes, modesto. O estadista *whig* duvidava da capacidade humana para compreender toda complexidade e extensão da realidade. Segundo ele, a razão humana sofreria de uma incontornável limitação epistemológica. Isso seria um grave *handicap*, que recomendaria cautela ao ímpeto de em tudo inovar.

Em razão desse *handicap* epistemológico, inovações poderiam sempre ocasionar graves prejuízos. Não haveria meios de se saber, com certeza, se o objetivo almejado seria de fato alcançável. E mesmo que o fosse, poderia vir a produzir um resultado pior do que o *status quo ante*. Além disso, a inovação poderia vir a produzir consequências secundárias imprevistas. Em suma, a correta previsão de todos os potenciais resultados de uma inovação estaria para além da capacidade humana. Haveria uma "lei" das consequências imprevistas, pela qual a vontade de inovar e o resultado da inovação jamais seriam perfeitamente congruentes.

---

61 LEVIN, 2014, p. 194.

62 BURKE, *op. cit.*, p. 121.

Entre os objetivos intencionados e aqueles efetivamente alcançados, haveria sempre um fosso intransponível.[63] Mesmo os melhores intentos poderiam produzir resultados terríveis. Seria esse um fato fundamental da realidade que, lamentavelmente, escaparia à percepção dos apaixonados pelas inovações (por confinados em si mesmos).

Ciente do perigo representado pelo referido fosso, o pensamento político de Burke primava sobretudo pela prudência (ver subcapítulo 3.1.). Por isso, tinha perfeita clareza do perigo latente nas inovações políticas. Ao ter de optar entre a inovação ou a permanência — entendida como a continuidade da tradição —, a prudência tenderia a favorecer a última. Pois, enquanto a primeira apresentaria os já referidos riscos, a segunda representaria a segurança da experiência conhecida. Portanto, em vez de pretender tudo inovar, o estadista prudente deveria respeitar a sabedoria acumulada pela civilização, tal qual manifesta nos seus preconceitos, hábitos e modos de vida.[64] Relativamente à inovação, a permanência apresentaria ao menos duas importantes vantagens conexas: a eliminação dos riscos decorrentes do *handicap* epistemológico e a segurança do que já seria familiar.

As consequências potencialmente negativas da inovação em política preocupavam igualmente a Vasconcelos. Mas a proximidade entre ele e Burke foi até mais estreita. De fato, a partilha dessa preocupação seria apenas o reflexo de uma convergência mais básica, no respeito e apego que ambos demonstravam pelas instituições existentes. Se o britânico se preocupava com a *fruição da Constituição*, o brasileiro demonstrava *afeição pela realidade política*. Nesse sentido, ele afirmou: "Há muito tempo que me tenho declarado antes pelo *estatu quo* [sic] de que pelo progresso, e cada vez vou tendo mais afeição à atualidade, com alguma inclinação ao restabelecimento das boas coisas, que nós com ingratidão temos

63 COUTINHO, 2014, pp. 37-8.

64 KIRK, 2016, p. 346.

rejeitado"[65]. Essa afeição pela atualidade, na qual Vasconcelos distinguia "boas coisas", parece constituir a disposição de fundo que motivou a sua aversão às inovações.

Apegado à realidade que conhecia, o parlamentar mineiro demonstrava-se criterioso no acolhimento de propostas de inovações à lei. Em sede de discussão sobre o projeto do código comercial, demonstrou-se preocupado com as possíveis consequências daquela inovação legislativa. Sustentou que, no Brasil, já existiria "uma jurisprudência comercial estabelecida há muitos anos"[66], pelo que ele receava "tocar numa jurisprudência tão importante"[67]. Essa disposição inegavelmente conservadora de Vasconcelos estava em sintonia com a forma pela qual ele enxergava a vocação do Senado Imperial, qual seja, a de um "corpo conservador"[68], e que, portanto, deveria resistir a "fazer grandes inovações no Estado"[69]. No intuito de preservar as antigas instituições políticas que ele considerava ainda adequadas à realidade, o estadista brasileiro receava aquilo que chamou pejorativamente de "modernices". Em discussão acerca da reforma do regulamento do Senado Imperial, afirmou: "Eu receio mais a repercussão do mundo civilizado pelas modernices do que pelas antiguidades. Esse edifício carunchoso, que sempre se pintava a cair, ou à borda do precipício, resistiu mais à revolução do que tantos modernismos"[70].

Se Vasconcelos demonstrava receio em acolher "modernices" políticas, é porque reconhecia nelas um potencial perigo. Obediente às recomendações da prudência, ao menos no que considerava serem matérias delicadas e necessárias de ponderação, ele afirmou ser provavelmente

---

[65] ASI, 19/06/1841.

[66] ASI, 26/06/1847.

[67] *Ibid.*

[68] ASI, 26/06/1847.

[69] *Ibid.*

[70] ASI, 29/07/1848.

melhor deixar "as coisas no *statu quo*, do que fazer-se uma inovação tão perigosa"[71].

E se é certo que muito do seu apreço pelo *status quo* resultava do sentido de familiaridade, uma outra parte, certamente, corresponderia ao seu receio das "modernices". Temia ele que o Brasil pudesse ser tragado pelo redemoinho vicioso das inovações sem fim. Nesse sentido, criticou o que chamou de "reações sobre reações"[72], ou seja, a prática de cada novo governo desmontar tudo "o que está montado"[73], a fim de "organizar a sociedade a seu modo"[74]. Tratava-se do processo que ele via ocorrer nas repúblicas latino-americanas, e que considerava ser a razão pela qual tais países encontravam-se "sem nenhuma tranquilidade, em completa anarquia"[75].

Resta, portanto, evidente que Vasconcelos acompanharia Burke em largo trecho da crítica que o britânico dirigiu à inovação em política. Mas convém ressalvar: não em toda a sua extensão. O brasileiro e o britânico distanciam-se um do outro tão logo o segundo avança sobre o terreno propriamente analítico, de investigação da origem dos fenômenos.

Diferentemente do seu congênere europeu, o parlamentar mineiro jamais chegou a associar o risco das inovações ao *handicap* epistemológico ou a refletir sobre as origens do ímpeto inovador em política. Não se localizou nos seus discursos qualquer indício de que ele tenha procurado identificar a fonte de tal impulso, seja em traços de personalidade, seja nos limites da razão. Portanto, nas análises epistemológica e da natureza humana, ambos temas caros a Burke,[76] o estadista brasileiro foi bastante mais superficial do que o seu análogo britânico.

---

[71] ASI, 14/06/1841.

[72] ASI, 14/05/1844.

[73] *Ibid.*

[74] *Ibid.*

[75] *Ibid.*

[76] MOREIRA, 2015, p. 12.

Voltando a Burke, ele reconhecia que as vantagens que detectava na política da permanência não se traduziam em apelo. Muito pelo contrário, o discurso político pró-permanência soaria anódino. Comparados à extravagante retórica da inovação, evocativa de visões utópicas de perfeição, os apelos da permanência geralmente pareceriam aborrecidos. O estadista britânico não ignorava essa deficiência. Não desconhecia que o apelo da permanência seria usualmente vulnerável face àquele da inovação. Seria este um dado da realidade: enquanto o discurso da permanência tenderia a aborrecer a imaginação, o da inovação lhe daria asas. Especificamente na esfera da política, Burke identificou ao menos dois fatores adicionalmente responsáveis por tal fenômeno.

Primeiro: a passagem do tempo surtiria um natural efeito anestésico. À medida que acostumaria as pessoas aos benefícios da ordem política, também as dessensibilizaria para os mesmos. Habituar-se a algo é deixar de o notar. Dessa forma, a passagem do tempo tenderia a incentivar o experimentalismo e a procura por benefícios inéditos associados a uma política de inovações. Conforme essa lógica, quanto mais antiga e, portanto, permanente fosse uma ordem política, mais fortes tenderiam a ser os apelos à sua inovação.

Burke reconheceu o apelo desse experimentalismo, mas nem por isso deixou de repudiá-lo. Esse repúdio teria uma razão prudencial. Subjacente ao apelo da inovação estaria uma verdade inconveniente: inovar significaria descartar benefícios conhecidos e assegurados em favor do que não passaria de mera expectativa.[77] Um pássaro na mão seria melhor do que dois voando. Contudo, tal verdade seria geralmente ofuscada pelo brilho da retórica em favor do experimentalismo. Essa, ademais, costumaria levar as pessoas a subestimar os males necessários à consecução das pretensões inovatórias.[78] Portanto, Burke defendia ser

---

[77] BURKE, 1992c, p. 89.

[78] *Ibid.*, pp. 89-90.

necessário resistir à retórica da inovação. Isso significaria que, à medida que o tempo passasse, e o seu apelo crescesse, a salvaguarda dos apelos da permanência se tornaria cada vez mais necessária.

O segundo fator debilitante da retórica da permanência seria, por sua vez, o mau desempenho dos governos. Suas ações equivocadas fomentariam o apelo da política de inovação. Sempre realista, Burke sabia que um mau governo, mais cedo ou mais tarde, inevitavelmente produziria descontentamento popular. E se o mal desempenho governativo perdurasse, o descontentamento tenderia a se intensificar, até se converter na tônica de toda a política. A partir daí, a erosão da popularidade do governo passaria a prejudicar o próprio regime. Esvaídas as esperanças da população após sucessivos maus governos, seu descontentamento passaria a dirigir-se diretamente contra o Estado. E, em tempo, em vez de clamar por uma nova mudança de governo, o povo passaria a protestar por um novo modelo político.[79] Nessa crescente espiral de descontentamento, os apelos da política de permanência seriam os últimos a serem ouvidos.

Diferentemente de Burke, Vasconcelos em momento algum discorreu sobre a vulnerabilidade retórica da permanência face ao maior apelo da inovação. Contudo, apesar dessa lacuna, não deixaria de haver, entre os pensamentos de ambos, um adicional ponto de contato. Esse se daria, precisamente, com a referida relação entre um mau governo e o apelo à inovação. Se o britânico percebeu que a má governança enfraqueceria o apelo à permanência, o brasileiro percebeu uma relação diversa, porém análoga: entre um mau governo e a revolução. Mais precisamente: Burke relacionou o *mau governo* e o *apelo à inovação*; Vasconcelos, *um tipo específico de mau governo* e a *revolução*. Ao estabelecer tal conexão, o pensamento do parlamentar mineiro revelou-se, mais uma vez, menos analítico do que o do seu congênere britânico.

---

[79] BURKE, 1992c, p. 190.

Vasconcelos discorreu sobre uma modalidade específica de mau governo, aquele cuja ação governativa deixa de corresponder às circunstâncias do país. Segundo ele, esse divórcio entre a política e as necessidades reais da nação seria, em última instância, a causa das revoluções. Como já mencionado, era esse o seu diagnóstico sobre as repúblicas latino-americanas que, após a independência, em vez de se organizarem em uma forma de Estado adaptada às suas circunstâncias particulares, optaram por imitar aquela criada pela Constituição americana. O resultado não poderia ser outro: um Estado estruturalmente inadequado à realidade do país, que produziria governos incapazes de responder às necessidades da população. Consequentemente, em um primeiro momento, os governos cairiam em descrédito. Depois, seria a vez do próprio regime político, fomentando, assim, o espírito revolucionário.[80] Esse desencadearia as já referidas "reações sobre reações"[81], ou seja, a prática de cada novo governo desmontar tudo "o que está montado"[82], a fim de "organizar a sociedade a seu modo"[83]. Nesse sentido, é possível afirmar que, assim como Burke, Vasconcelos também teria associado um tipo particular de mau governo à fragilização dos apelos da permanência, no caso, via o fomento do ímpeto inovatório mais radical: a revolução.

3.2.2 Herança

Burke não se limitou a constatar a disparidade de forças entre os apelos da inovação e da permanência. Ele a lamentou, pois percebeu que poderia prejudicar a Constituição e a ordem. Para protegê-las, o estadista britânico se insurgiu contra as doutrinas iluministas, que denunciavam

---

80 ASI, 08/08/1843.

81 ASI, 14/05/1844.

82 *Ibid.*

83 *Ibid.*

os regimes constituídos. Essas incitariam a população a desprezar uma Constituição apenas por ela ser antiga, alegando que seria, por isso, produto de ignorância. Burke temia que tais doutrinas, assentadas em princípios abstratos e de violento poder retórico, pudessem agitar as paixões negativas, particularmente naquelas pessoas que, por carentes de suficiente maturidade e conhecimento, seriam mais impressionáveis e, portanto, mais facilmente impelidas à ação revolucionária.

Além disso, haveria uma agravante: se aquelas doutrinas iluministas geralmente bastavam para motivar atentados contra a Constituição, elas não se prestavam para erigir uma ordem constitucional substituta. Seriam doutrinas eminentemente destrutivas e raramente construtivas. Serviriam, contudo, para fomentar debates estéreis sobre teorias políticas, fazendo com que a população se perdesse em um labirinto de questões abstratas, acumulando frustração e alimentando o desprezo pelos estadistas do regime.[84]

Felizmente, segundo Burke, um caminho tão arriscado não seria inevitável. Haveria uma alternativa. Essa passaria pelo fortalecimento do apelo da política de permanência, mediante o emprego de um fortificante retórico. Se o apelo da permanência seria debilitado pelo desenrolar do tempo, essa força inexorável poderia, mediante o emprego de um *spin*, ser convertida em aliada. Para tanto, bastaria que a permanência fosse apresentada em vestes mais atraentes e concretas, especificamente, como uma preciosa herança. Burke considerava que, quanto mais antiga fosse uma herança, mais a população a veria como valiosa e, consequentemente, mais digna seria de ser preservada. A política da permanência deveria, portanto, apresentar-se sob este ângulo mais apelativo: a política de preservação de um legado. Dessa forma, pensava Burke, poderia ela melhor resistir ao apelo superior da política de inovação.[85]

---

84 BURKE, 1992c, p. 190.

85 LEVIN, 2014, p. 66.

Aos olhos do estadista *whig*, a atratividade da ideia de herança decorreria da sua aptidão para incutir um senso de dever para com algo concretamente valorizado. Na esfera da política, mais especificamente, a ideia de herança criaria para a geração presente o dever de preservar as instituições que recebeu da anterior, de forma a poder transmiti-las à seguinte.[86] Desse modo, atentaria os vivos para a continuidade da comunidade política no tempo. E, ao fazê-lo, serviria não apenas como promotora da permanência, mas também como um antídoto ao apelo da inovação. Funcionaria, portanto, como um freio a impedir que inovações desnecessárias e frequentes fossem feitas à constituição do Estado, conforme a moda da época ou fantasia idiossincrática de alguns.[87]

No entanto, para Burke, a ideia de herança seria muito mais do que um mero artifício retórico tradutor de um dever. Ela desempenha, em sua concepção de ordem política, três funções distintas e fundamentais.

Primeira: serve como elemento vinculante entre as partes da versão burkeana do contrato social. A peculiaridade de tal contrato não decorre apenas do seu objeto, que abrange toda a ciência, arte e virtude. O contrato social burkeano é igualmente peculiar em razão das suas contratantes — que, para além dos vivos, incluem também os mortos e aqueles ainda por nascer.[88] No contrato, as gerações do passado, presente e futuro são tratadas como partes isonômicas, cujo vínculo é formado por aquilo que vai sendo sucessivamente legado de geração em geração.[89, 90, 91] A ideia de herança resolveria, portanto, o problema da

86 BURKE, 1999b, pp. 121-2.

87 BURKE, 1999b, p. 191.

88 *Ibid.*, pp. 192-3.

89 Por essa razão, os governos deveriam aceitar a autoridade do passado, sem necessariamente submeterem-se a ela (MANSFIELD JR., 1987, p. 697).

90 MOREIRA, 2012, p. 389.

91 Em interessante comentário acerca do contrato social burkeano, Ivone Moreira esclarece que ele "diverge da ideia de contrato defendida pelos contratualistas, porque aponta para um modelo de contrato que é mais orgânico do que jurídico.

transmissão cultural entre as gerações. Além disso, fomentaria o sentimento de respeito pela história e pertencimento à sociedade.[92] Em resumo, a herança serviria como elemento constitutivo de um vínculo temporal entre as gerações. Sem o conceito de herança, a comunidade política se dissolveria na "poeira e [no] pó da individualidade"[93].

Segunda: por criar um elo entre as gerações, a ideia de herança seria um fator de harmonização entre o antigo e o novo na política. De fato, a ideia de herança incentiva a valorização do passado.[94] Mas convém ressalvar: a antiguidade não seria uma virtude em si mesma, mas um indicador de virtudes subjacentes, especificamente a capacidade de resistir ao tempo e adaptar-se às mudanças circunstanciais. Instituições políticas herdadas do passado não seriam valiosas por serem antigas. Seriam valiosas porque a antiguidade atestaria a sua capacidade de sobreviver às variações circunstanciais ao longo do tempo.[95] Uma instituição herdada teria a seu favor a presunção de conseguir adaptar-se à passagem do tempo, sem, no entanto, perder a sua substância. É essa combinação de capacidades que permitiria à herança agir como um fator de harmonização entre o antigo e o novo.[96] Em outras palavras, o valor de uma herança não seria apenas o de uma curiosidade histórica, valiosa porque relevadora do passado (antigo). O valor de uma herança decorreria também da sua utilidade presente. Seria valiosa porque, na medida que se teria relevado resistente e adaptável, poderia servir à geração presente e, possivelmente, também às futuras (novo). Portanto, sob essa perspectiva, a antiguidade de uma herança seria um

---

O *Corpus Politicum Mysticum*, como Suárez lhe chama, é o Estado que Burke concebe" (*Ibid.*, p. 196).

[92] LEVIN, 2014, p. 66.

[93] "*the dust and powder of individuality*" (BURKE, *op. cit.*, p. 192).

[94] LEVIN, *op. cit.*, p. 66.

[95] *Ibid.*, p. 67.

[96] *Ibid.*, p. 66.

indício presuntivo do seu valor presente. Ela seria capaz de harmonizar o antigo e o novo.

Além de servir como vínculo entre as gerações (função subjetiva) e fator de harmonização entre o antigo e o novo (função objetiva), a ideia de herança desempenha ainda uma terceira função no pensamento político de Burke. Trata-se de uma função constitutiva e, portanto, alegadamente, a mais importante das três.

Com base na plasticidade adaptativa inerente ao conceito de herança, o estadista britânico construiu uma teoria sobre a legitimidade da Constituição inglesa. Segundo Burke, a sobrevivência da herança ao longo do tempo (sinal da sua plasticidade adaptativa) constituiria um *título* atestador da sua legitimidade política. Dito de outro modo: a legitimidade da Constituição inglesa não resultaria de sua conformidade a um modelo teórico de referência — como aquele segundo o qual a legitimidade de um regime decorreria exclusivamente da vontade popular. Pelo contrário, ela decorreria de méritos de natureza prática: sua qualidade material evidenciada pela sua sobrevivência ao tempo, o que, por sua vez, atestaria a sua adaptabilidade face à natural variação das circunstâncias.

A esse título de legitimidade da Constituição inglesa, Burke chamou *prescription*,[97] um termo emprestado do Direito romano que pode ser traduzido como "prescrição aquisitiva". Assim, Burke transferiu um conceito originalmente do direito *privado* para a esfera do direito *público*, onde o aplicou à Constituição.[98] E assim, acidental ou intencionalmente, o parlamentar avesso às teorizações formulou uma teoria sobre a legitimidade de um regime político, ainda que indutiva.[99] Segundo Mansfield Jr., a teoria da legitimidade via *prescription* seria a "especial descoberta"[100] de Burke. Especial porque, por meio dela, o estadista britânico deu

[97] *Ibid.*, p. 67.

[98] MANSFIELD JR., 1987, p. 702.

[99] *Ibid.*

[100] "*special discovery*" (*Ibid.*, p. 702.)

consistência teórica à sua crítica de um dos paradigmas mais clássicos da filosofia política, o contratualismo, especialmente em sua versão francesa.[101, 102]

Se, objetivamente, o *prescription* constituiria um título de legitimidade da Constituição; subjetivamente ele motivaria um natural acatamento perante a autoridade dela decorrente. A *legitimidade* por *prescription* seria, portanto, facilmente traduzível em *autoridade*. Burke notou que os ingleses acatavam e respeitavam de livre vontade a autoridade da sua Constituição e, de modo mais amplo, apreciavam as suas instituições tradicionais. Até a eclosão da Revolução Francesa, tal apreço teria funcionado como um antídoto impeditivo do contágio pelas inovações propostas pelos *philosophes*. Um antídoto realmente imprescindível, pois, caso os princípios de Voltaire e Rousseau tivessem contaminado o povo inglês, teriam, é quase certo, causado a destruição da Constituição e sua

---

101 LEVIN, 2014, p. 53.

102 Burke rejeitava as teorias do contrato social que se iniciam em um estado de natureza considerado pré-social. Para ele, tais versões do paradigma contratualista, como aquela de Thomas Paine, não apenas incorreriam no erro de enfatizar origens que seriam perfeitamente irrelevantes, como também no absurdo de pressupor um homem pré-social. Afinal, as origens de uma ordem política seriam irrelevantes, porque tais ordens seriam invariavelmente dinâmicas, estariam, ainda segundo Burke, em constante mutação (*Ibid.*, pp. 53-4). A razão pela qual Burke minimizou a importância atribuída às origens de uma ordem política é o fato de, por serem geralmente decorrentes de revolução ou conquista, costumam ser também invariavelmente violentas (KIRK, 2016, p. 254). O fato que realmente importava para Burke é que, com o decorrer do tempo, tais ordens políticas tenderiam a se tornar mais pacíficas (LEVIN, *op. cit.*, p. 53). A superação da violência original permitiria às ordens políticas obter resultados positivos, como produzir uma população satisfeita, unida e próspera. É a obtenção ou não desses resultados positivos que, para Burke, determinaria se uma ordem política seria benéfica (BURKE, 1999b, p. 279) e, portanto, legítima. Para ele, uma ordem política boa e legítima seria aquela que gerasse um sentimento de comunidade (LEVIN, *op. cit.*, p. 11).

substituição por uma ordem política completamente nova.[103] Mais do que isso: teria significado a rejeição da herança legada pelas gerações anteriores, e que a atual teria a obrigação de preservar e transmitir à sua sucessora.[104] Portanto, teria significado, em um nível ainda mais fundamental, uma ruptura na continuidade da comunidade política no tempo.

Aos olhos de Burke, tal ruptura seria uma lastimável tragédia, cujas consequências negativas se fariam sentir para além da política. Segundo ele, os benefícios da ideia de herança alcançariam as mais variadas dimensões da vida social. Nesse sentido, atribuiu os avanços dos ingleses em matérias tão díspares quanto as ciências, as artes e a literatura ao fato de não terem recusado o patrimônio de conhecimento que lhes foi legado pelos antepassados, mas, bem ao contrário, por tê-lo acolhido.[105] Parte desse patrimônio seria justamente aquele consubstanciado nos modos de vida ingleses.

O estadista *whig* notou que os habitantes da Inglaterra conservavam os hábitos antigos, que haviam sido denunciados pelas luzes: eles temiam a Deus, ainda admiravam os reis, ainda demonstravam apreço pelo parlamento, reverência pelos religiosos e respeito perante a aristocracia.[106] Subjacentes a esses hábitos, haveria uma mentalidade preocupada em cultivar os sentimentos que servem de guarda ao sentido de dever.[107] Esse apreço dos ingleses pelas suas instituições tradicionais os teria inoculado contra a tentação de macaquear modismos carentes de aprovação pela experiência.[108]

A multifacetada funcionalidade que Burke atribuiu à ideia de herança está largamente ausente em Vasconcelos. O estadista brasileiro

---

[103] BURKE, 1999b, pp. 180-1.

[104] *Ibid.*, pp. 119-20.

[105] *Ibid.*, pp. 196-7.

[106] BURKE, 1999b, p. 181.

[107] *Ibid.*, p. 181.

[108] *Ibid.*, p. 113.

parece não ter dedicado demasiada importância ao tema. No entanto, apesar dessa lacuna, é possível argumentar que a ideia de herança não é completamente estranha ao seu universo de referências, particularmente em duas das funções identificadas por Burke: como elemento de ligação entre as gerações e como fator de harmonização entre o antigo e o novo.

Esse argumento se ampara em um sentimento que o parlamentar brasileiro partilhava com o seu análogo britânico: o apreço pela política inglesa. E se Vasconcelos assim fazia, era, precisamente, porque a Constituição inglesa corporificaria a herança deixada pelas gerações precedentes. Nesse sentido, ele reconheceu o mérito dos ingleses por "sua firmeza em conservar os legados que seus pais lhe deixaram"[109]. Parece ser esta a razão pela qual o estadista brasileiro valorizava a política da Inglaterra: "porque o governo tem a seu favor a sanção dos séculos e da experiência"[110]. Alguns anos depois, Vasconcelos voltou a manifestar o mesmo apreço, porém, dessa vez, não para elogiar o regime inglês por ter a seu favor a sanção do tempo, mas para criticar aquelas teorias que não tinham "ainda a sanção do tempo e da experiência"[111].

Argumenta-se, portanto, que, ao falar em "conservar o legado" e em ter o "favor dos séculos e da experiência", Vasconcelos tinha em mente uma noção bastante próxima à concepção burkeana de herança — embora claramente menos elaborada ou articulada. Pois, conforme referido, em Burke, o valor de uma herança não decorre propriamente da sua antiguidade, mas de evidenciar resistência e plasticidade adaptativa às cambiantes circunstâncias ao longo do tempo. Nesse sentido, *resistir ao tempo* (Burke) e *ter a sanção do tempo* (Vasconcelos) parecem ideias relativamente próximas. Portanto, embora não figure de forma articulada no pensamento do parlamentar brasileiro, parece razoável afirmar que

---

109 ASI, 29/07/1848.

110 ASI, 02/10/1841.

111 ASI, 20/02/1843.

uma noção análoga à valorização da ideia de herança parece estar nele presente, ainda que apenas em esboço. O conceito que impulsionou o pensamento de Burke a superar-se em profundidade e originalidade não surtiu semelhante efeito criativo sobre o pensamento de Vasconcelos.

3.2.3 Reforma

Burke sublinhou a importância de se proteger aquilo que T.S. Eliot (1888-1965) mais tarde chamaria de "coisas permanentes"[112]. Essas seriam para o poeta as "verdades, modos de vida e padrões de ordem duradouras"[113]. Segundo Burke, muitas daquelas coisas estariam incorporadas nas instituições políticas tradicionais, razão pela qual essas não deveriam ser levianamente descartadas.[114] Pelo contrário, deveriam ser protegidas daqueles que, como os revolucionários, pretendiam destruí-las.

No entanto, proteger uma instituição política não poderia significar, simplesmente, confiná-la em uma gaiola dourada. Na ausência de outras iniciativas, a mera passagem do tempo já bastaria para prejudicá-la.[115] Em uma realidade irremediavelmente dinâmica, uma instituição deveria ser protegida também da degradação e da obsolescência operadas pelo tempo. Assim, para além de *protegidas*, as instituições políticas deveriam ser também *preservadas*. Isso significaria que a política deveria possuir meios de operar, sobre as suas instituições, mudanças conservadoras.[116] Nesse sentido, George Sabine afirmou que "para ele [Burke], a arte do

---

112 KIRK, 2016, p. 134.

113 "*enduring truths, ways of life and standards of order*" (ELIOT *apud* KIRK, R. The Politics of T.S. Eliot. *The Heritage Lectures*, n. 182, 1989, p. 1).

114 LEVIN, 2014, p. 56.

115 BURKE, 1999b, pp. 108-9.

116 *Ibid.*

homem de Estado era preservar, mudando"[117]. Portanto, após receber do passado as instituições políticas, cada nova geração se veria obrigada a conservar-lhe a substância, adaptando-a às circunstâncias do seu próprio tempo. Mais precisamente, se veria desafiada a preservá-la, ou seja, a conciliar o dever de sua *proteção* com a inevitabilidade da sua *adaptação*.

Essa conciliação nem sempre seria algo fácil.[118] Mas Burke sustentou que, convenientemente, uma solução de equilíbrio já teria sido encontrada. Ela estaria plasmada na Constituição britânica, particularmente na sabedoria prática embutida no conceito de *prescription*. Por prática, tal sabedoria seria constituída por uma série de hábitos políticos. E esses, por sua vez, seriam expressões de um mesmo princípio; um princípio de mudança específico (apto a conciliar o objetivo da proteção com a necessidade de adaptação): o princípio de *reforma*. Para o estadista *whig*, o núcleo fundamental da sabedoria prática plasmada na Constituição britânica seria precisamente o reformismo.

Aos olhos de Burke, se trataria de um princípio moderado. Por pretender preservar o que deveria ser permanente, o reformismo ficaria a meio caminho entre, de um lado, a celebração da mudança e, de outro, a sua resistência.[119] Sob o prisma taxonômico, a *reforma* não deixaria de ser, tal qual a *inovação*, uma modalidade do gênero *mudança*. Mas essa afinidade entre as duas espécies não passaria de uma abstração.[120]

---

[117] "[...] for him was the art of the statesman, to preserve by changing" (SABINE, G. *A History of Political Theory*. New York: Henry Holt and Company, 1945, p. 614 *apud* MOREIRA, 2012, p. 33).

[118] Ivone Moreira refere a essa dificuldade relativamente aos estadistas, ao afirmar que, para Burke: "O político precisa atender sobremaneira ao singular de cada situação, tendo em conta o presente e o caminho já andado, materializado nas instituições existentes que, ao longo do tempo, provariam o seu valor. Reside aí a dificuldade da sua tarefa. Articular o saber herdado e a análise das circunstâncias no presente" (MOREIRA, 2012, p. 112).

[119] BURKE, 1999b, p. 261.

[120] BURKE, 1992f, pp. 225-6.

Na realidade política, seriam duas modalidades de mudança substancialmente opostas. Enquanto a reforma visaria a preservar as instituições, permitindo assim o acúmulo da sabedoria política ao longo das gerações,[121] a inovação seria eminentemente destrutiva.[122] Por isso, o Burke conservador não foi nem um revolucionário, nem tampouco um reacionário, mas um reformador moderado.[123] [124]

Além da preservação, o princípio de reforma permitiria também aprimoramentos institucionais. Foi nesse sentido reformista que Burke afirmou que um estadista deveria combinar em seu caráter "uma disposição para preservar e uma habilidade para melhorar"[125]. A reforma seria preferível à inovação também nessa função melhorativa. Permitiria aprimoramentos efetivos, porque amparados na autoridade da experiência e, portanto, baseados em necessidade real. Já a inovação não teria suporte na realidade, mas em meras especulações, pelo que não produziria melhoramentos verdadeiros.[126] Realista que foi, Burke reconhecia que a reforma melhorativa poderia nem sempre funcionar, mas, ainda assim, seria um princípio de aprimoramento geralmente superior à inovação.[127]

Essa superioridade, porém, não deveria traduzir-se em soberba. Em seus objetivos, o princípio reformista deveria primar pela modéstia. Uma renovação muito ambiciosa jamais seria uma verdadeira reforma.[128] Pois, essa seria desde sempre limitada pela própria substância da instituição objeto: em vez de acrescentar novos materiais, uma reforma

---

121 MOREIRA, 2015, p. 17.

122 BURKE, 1992b, p. 292.

123 CANAVAN, 1964, pp. 105-6.

124 MOREIRA, 2015, p. 16.

125 "*A disposition to preserve, and an ability to improve*" (BURKE, 1999b, p. 262).

126 KIRK, 2016, p. 231.

127 LEVIN, 2014, p. 66.

128 KIRK, *op. cit.*, p. 304.

deveria limitar-se a empregar aqueles que já estivessem presentes.[129, 130] Assim, um plano de reforma política jamais visaria a refundar uma instituição, mas somente a remediar suas eventuais deficiências e/ou potencializar suas qualidades, sem, contudo, prejudicar-lhe a generalidade do caráter.[131]

Essa necessária continência teria um corolário na seletividade. O primeiro desafio de uma reforma política seria distinguir, no bojo da instituição a ser reformada, aqueles seus elementos constitutivos que precisariam ser preservados, daqueles que não o deveriam.[132] Para facilitar essa distinção e prevenir danos decorrentes de eventuais erros de avaliação, Burke sugeria que uma reforma jamais procedesse de um impulso único, mas que fosse sempre gradual e ordenada.[133] O gradualismo seria um meio de mitigação de danos.[134] Portanto, uma reforma deveria pautar-se por um *ethos* minimalista.[135]

Além da possibilidade de incorrer em exageros, uma reforma excessivamente ambiciosa poderia vir a prejudicar "os padrões de ordem"

---

129 BURKE, 1992a, p. 67.

130 BURKE, 1999b, p. 261.

131 BURKE, 1992b, p. 292.

132 LEVIN, 2014, p. 197.

133 KIRK, 2016, p. 229.

134 LEVIN, *op. cit.*, p. 8.

135 Tal *ethos* está eloquentemente expresso na seguinte passagem: "*I knew that there is a manifest marked distinction, which ill men, with ill designs, or weak men incapable of any design, will constantly be confounding, that is, a marked distinction between Change and Reformation. The former alters the substance of the objects themselves; and gets rid of all their essential good, as well as of all the accidental evil annexed to them. Change is novelty; and whether it is to operate any one of the effects of reformation at all, or whether it may not contradict the very principle upon which reformation is desired, cannot be certainly known beforehand. Reform is, not a change in the substance, or in the primary modification of the object, but a direct application of a remedy to the grievance complained of. So far as that is removed, all is sure. It stops there; and if it fails, the substance which underwent the operation, at the very worst, is but where it was*" (BURKE, 1992b, p. 290).

referidos por Eliot. Por isso, o gradualismo e o minimalismo do modelo reformista advogado por Burke devem-se, sobretudo, à sua preocupação com a manutenção da ordem social.[136] Mais até do que uma defesa da tradição e do *prescription*, as *Reflections* são uma verdadeira apologia à ordem estabelecida.[137] Para o estadista britânico, a desordem seria um pesadelo aterrador — e o caos social e político o verdadeiro inferno terreno. Não surpreende, portanto, que ele considerasse serem a instituição e a manutenção da ordem as principais conquistas de uma civilização.[138]

Devido à sua vital importância civilizatória, o imperativo da manutenção da ordem transcenderia os limites do Estado. Nesse esforço, Burke alertou para a necessidade de se recrutar o apoio das instituições extrapolíticas. A mais importante delas, ele considerava ser a religião, sobre a qual afirmou ser também o maior bem da humanidade.[139] Além dela, Burke destacou como instituições de ordem adicionais: as classes proprietárias, a aristocracia, as forças armadas e a monarquia.[140] Apesar de extrapolíticas, elas contribuiriam para evitar que reformas ao Estado pudessem degenerar em mudanças violentas, particularmente na constituição de um país.

Mas reformas degeneradas não seriam o único risco à manutenção da ordem. Poderia haver perigo mesmo no caso de reformas hígidas — com escopo modesto e andamento gradual —, caso essas viessem a ser muito frequentes. Uma longa sucessão de reformas, ainda que todas individualmente modestas e limitadas, já bastaria para transformar a Constituição em um arranjo excessivamente maleável.[141]

---

136 LEVIN, *op. cit.*, pp. 67-8.

137 KIRK, *op. cit.*, p. 289.

138 *Ibid.*, p. 287.

139 KIRK, *op. cit.*, p. 287.

140 MANSFIELD JR., 1987, pp. 699-700.

141 *Ibid.*, p. 699.

A preocupação de Burke com a manutenção da ordem levou-o a repudiar o liberalismo exaltado, especialmente aquele que atacava a Igreja, a monarquia e a aristocracia. Para o estadista britânico, esses elementos extrapolíticos de ordem deveriam ser preservados, idealmente nos exatos moldes em que já existiriam,[142] pois ajudariam a prevenir que reformas políticas degenerassem em desordem. Tradicionais e ordeiras por excelência, suas reformas deveriam ser particularmente criteriosas quanto à necessidade.[143] A reforma das instituições extrapolíticas de ordem deveria pautar-se, portanto, por um *ethos* hiperminimalista.

A Revolução Francesa representava para Burke a imagem mais fiel do pesadelo de uma ordem colapsada. A sua história ilustraria à perfeição o processo pelo qual uma série de inovações descabidas poderia levar ao caos. Para Burke, aquela revolução fora uma sucessão de equívocos grotescos. A começar pela sua própria existência, pois, aos olhos do estadista britânico, a revolução teria sido desnecessária e, portanto, injustificada. Ele via o Estado francês como uma construção imponente, ainda que necessitada de reformas; jamais uma ruína que precisaria ser arrasada.[144] O chamado à revolução seria tolerável apenas caso se tivesse demonstrado que a correção das deficiências do regime francês seria impossível pela via da reforma.[145] Apesar disso, para Burke, antes de uma alternativa à reforma, a revolução seria a sua própria antítese: ao principiar pelo desprezo pelas instituições tradicionais[146] e pela vontade de fazer *tabula rasa* da herança legada pelas gerações precedentes,[147] a revolução encarnaria o terrível ideal da inovação total.

---

142 BURKE, 1999b, p. 187.
143 *Ibid.*, p. 197.
144 BURKE, 1999b, p. 123.
145 BURKE, 1992c, p. 92.
146 BURKE, 1999b, pp. 112-3.
147 MOREIRA, 2015, p. 16.

Segundo Burke, a confiança fanática dos revolucionários em suas teorias abstratas teria desencadeado um processo apocalíptico. A húbris os teria levado a desprezar a sabedoria tradicional, descartando-a apenas por lhes parecer antiquada.[148] Junto com ela, descartaram também as referidas instituições extrapolíticas de ordem, pois rejeitavam tudo que fosse associado à permanência, como se um regime político pudesse prescindir de outros princípios de ligação além da mera conveniência.[149]

Nesse sentido, o estadista britânico viu na destruição das antigas proporções estabelecidas nos Estados Gerais uma inovação despótica realizada pelo Terceiro Estado.[150] A racionalização da política, ao custo do descarte dos princípios tradicionais, teria soltado as amarras que manteriam sob controle as paixões pelo poder.[151] Ao perceber esse fato, o parlamentar *whig* pôde antever aquele que seria o inevitável deslinde daquela vontade de se refundar a comunidade política, conforme um modelo embasado em teorias abstratas:[152, 153] o mais sangrento e brutal dos despotismos.[154] De temperamento cético, Burke sabia que os homens não eram naturalmente bons, que eram também capazes do mal; e que, se mantinham-se obedientes à lei moral, era principalmente devido à força do costume e do hábito — elementos de ordem que os

---

148 BURKE, 1999b, p. 182.

149 *Ibid.*, p. 182.

150 BURKE, 1992a, p. 64.

151 LEVIN, 2014, pp. 190-1.

152 KIRK, 2016, p. 286.

153 Ivone Moreira bem sintetiza a visão de Burke sobre a Revolução em França: "Na Revolução Francesa Burke vê todos os malefícios de uma perspectiva estritamente abstracta dos problemas, porque se trata de um exemplo vivo de conceber uma república segundo um projeto racional, fazendo tábula rasa de todo o conhecimento anterior e tratando o homem como se nele apenas existisse a razão" (MOREIRA, 2012, p. 106).

154 KIRK, *op. cit.*, p. 286.

revolucionários ambicionavam destruir por meio das suas inovações.[155] Diante da convulsão revolucionária que devastava a França, Burke afirmou que a mente humana que não fosse repugnada por tamanho descalabro seria necessariamente doente.[156] A Revolução Francesa não teria sequer um átomo do espírito reformista, seria apenas a perpetuação da anarquia e da desordem.[157]

Assim como Burke, Vasconcelos também foi um advogado das reformas. Em vez de pretender inovar ou congelar o *status quo*, defendia que a política deveria conciliar a conservação das instituições com o seu aprimoramento. Foi esse, precisamente, o objetivo de fundo da sua atuação Regressista. Quanto a isso, foi expresso: afirmou que buscava combinar "o progresso com a conservação"[158]. A tensão existente entre um elemento de permanência (conservação) e outro de mudança (progresso) evidencia tratar-se de um ideal moderado; em outras palavras, de uma disposição reformista bastante evocativa daquela de Burke.

Esse reformismo — síntese de conservação e progresso — é que estaria plasmado no Regresso. Apesar da sugestão implícita no nome, não se tratou tal programa político de uma retrogradação reacionária. Embora a linguagem do estadista brasileiro fosse peculiar e, portanto, sua terminologia possa levar a equívocos, é importante ressaltar isto: mesmo tendo elaborado o programa que denominou Regresso, Vasconcelos jamais deixou de se ter na conta dos partidários do progresso. Porém, é necessário ressalvar: não de um progresso qualquer, senão de uma modalidade qualificada, daquele que se combina com a conservação, qual seja, um progresso ordenado e inspirado por um princípio de reforma.

A respeito dessa confusão terminológica, um debate ocorrido em sessão do Senado Imperial, em 1847, é particularmente elucidativo. Diante

---

155 *Ibid.*, p. 287.

156 BURKE, 1992b, p. 292.

157 BURKE, 1992c, p. 83.

158 ASI, 14/05/1844.

da assertiva de um colega senador[159] de que uma dada política não seria característica do Regresso, porque, alegadamente, seria "de progresso na ordem"[160], Vasconcelos respondeu que o Regresso e o "progresso na ordem" não seriam conceitos opostos, mas rigorosamente a mesma coisa; em suas palavras: que o "progresso na ordem" seria o próprio "regresso em corpo e alma"[161] [162]. Não se tratava de um chiste. No mesmo sentido, anos antes, ele já havia afirmado que o Regresso é que seria "o verdadeiro progresso"[163]. E, ainda em 1838, àqueles que argumentavam ser Regresso um nome pouco descritivo do seu programa, ele respondera: "se o nome é mau, se o nome é odioso, não popular, não duvidaremos abandoná-lo, chamando-o progresso"[164]. Por isso, de forma um tanto confusa, Vasconcelos autodenominou-se um "regressista-progressista [...] tudo ao mesmo tempo"[165].

A solução para essa confusão conceitual passa, necessariamente, pelo esclarecimento do significado de *progresso*. Para Vasconcelos, esse não seria aquele que lhe era atribuído pelo liberalismo brasileiro da época, de inspiração programática, qual seja, o de descentralização política. O estadista mineiro tinha em mente um significado mais básico e nada

---

159 Senador Antônio Francisco de Paula de Holanda Cavalcanti de Albuquerque (1797-1863).

160 ASI, 04/08/1847.

161 *Ibid.*

162 Nesse sentido, Luaia da Silva Rodrigues afirma que o ideal político de Vasconcelos era aquele do justo meio: "Aliás, o que liga o Vasconcelos moderado do início do período regencial e o regressista do final das regências é justamente a ideia do Justo Meio. Seja como moderado ou como regressista, o político mineiro sempre apoiou o equilíbrio entre os poderes executivo, legislativo e o judiciário. A aparente ambiguidade de posicionamento desse personagem — primeiro como liberal e depois como conservador — foi, na verdade, apenas uma mudança no que ele entendia que precisava ser enfatizado para alcançar este equilíbrio" (RODRIGUES, 2016, p. 29).

163 ASI, 07/08/1843.

164 ACD, 12/05/1838.

165 ASI, 29/05/1845.

programático: progresso significaria simplesmente a mudança ordenada no atendimento às demandas do país. A seu ver, o Regresso seria progressista porque responderia às reais necessidades do Brasil — país que, em sua opinião, "queria sossego e tranquilidade, não queria mais revoluções"[166]; seria, portanto, a própria "expressão do país"[167]. O ponto de vista de Vasconcelos não era o de um ideólogo, mas o de um estadista. Progresso não seria avançar na realização de um programa doutrinário, mas evoluir na correção dos problemas do país. E esse seria, precisamente, o espírito do seu Regresso.

Contudo, uma mudança qualquer, mesmo que no sentido de solucionar os problemas da nação, não poderia, somente por isso, ser considerada progresso. Para o parlamentar mineiro, esse seria um conceito complexo, não apenas *direcional*, mas também *material*. Não bastaria uma direção correta — na correção dos problemas do país —, o efetivo progresso, aquele que comporia o ideal reformista juntamente à conservação,[168] demandaria ao menos três condições adicionais.

Primeira: a mudança não poderia ser precipitada nem pretender destruir o legado institucional. Com efeito, a associação que fez Burke entre inovação e destruição está igualmente presente em Vasconcelos. Apenas a terminologia empregada pelo brasileiro é diversa: ele não se opunha propriamente ao que denominava "inovação", mas ao que chamou, na maior parte das vezes, de "precipitação". Pois, em rigor, não foi a primeira que ele associou à destruição, mas a segunda. Afirmou: "não sou oposto às inovações, sou oposto às precipitações"[169]. E, por essas últimas, ele denominava o ímpeto de rejeitar o "que existe, só porque existe, ou porque nos foi legado por nossos antepassados"[170]. Vasconcelos detectava nessa rejeição

166 ASI, 14/05/1844.

167 *Ibid.*

168 ASI, 29/05/1845.

169 ASI, 12/08/1848.

170 *Ibid.*

um enorme potencial destrutivo, o qual ficaria evidente quando a política brasileira fosse comparada à britânica. O parlamentar mineiro admirava os ingleses por conservarem o legado que lhes fora deixado pelas gerações anteriores. Por isso, lamentou que os brasileiros buscassem fazer precisamente o contrário, ou seja, "levantar o nosso edifício desmoronando tudo quanto nos deixaram nossos pais, julgando até que eles andavam a quatro pés"[171]. Portanto, por tenderem as precipitações a fazer *tabula rasa* do que as gerações passadas legaram à presente, Vasconcelos tinha-as na conta de inimigas do ideal reformista de progresso com conservação.

Segunda: a mudança não poderia proceder aos saltos. Da mesma forma que Burke, o estadista brasileiro também defendia que as reformas deveriam ser sempre graduais. Ele afirmou que aceitava o que chamou "inovações"[172], desde que fossem feitas "gradualmente"[173]. Esse gradualismo aparenta compor o núcleo do posicionamento que denominou "conservador progressista"[174]. A defesa do gradualismo foi primeiramente afirmada por Vasconcelos ainda em 1834, por ocasião do debate acerca da questão federalista, e, portanto, mesmo antes do Regresso. Na ocasião, ele afirmou concordar com que a centralização política fosse atenuada, "mas não de um jato que faça dar um tão grande salto"[175] — pois considerava que o Brasil ainda não estaria preparado para o federalismo. É que, segundo ele, o real progresso não se daria por meio de saltos rápidos, mas mediante um movimento lento e continuado. Nesse sentido, afirmou que:

> em tais matérias o mais conveniente é seguir a experiência que nega tais saltos; observo que tudo procede progressivamente com diferenças quase imperceptíveis; além disto a experiência nos mostra

[171] ASI, 29/07/1848.
[172] ASI, 12/08/1848.
[173] *Ibid.*
[174] *Ibid.*
[175] VASCONCELOS, 1999, p. 222.

> que todas as vezes que se têm adotado tais saltos os efeitos têm sido sempre desgraçados (VASCONCELOS, 1999, p. 223).

No entanto, o seu gradualismo não era uma posição particular ao tema da centralização política, mas uma disposição de aplicabilidade geral. O método de mudança genericamente preferido por Vasconcelos era mesmo aquele do progresso lento e incremental. Sobre isso, afirmou: "Sou amigo dos progressos lentos, tenho dito constantemente que me conformo com a máxima de Washington; ele não é suspeito aos amigos da liberdade: 'Caminhai com pé tardio, mas firme'"[176].

Essa apologia genérica do gradualismo decorre, sobretudo, de uma preocupação prudencial com a manutenção da ordem em sociedade. O parlamentar mineiro considerava que, por serem artificialmente aceleradas, mudanças muito rápidas tenderiam a ser também destrutivas. Relevando uma disposição caracteristicamente moderada, Vasconcelos defendeu que "as instituições devem ser de tal maneira estabelecidas que, sem obstar ao movimento, resistam às inovações rápidas e precipitadas que podem abismar o país"[177].

A moderação de Vasconcelos associa-se a uma preferência tipicamente reformista e, por isso, avessa às revoluções. Não foi por acaso, portanto, que o estadista mineiro rejeitava a revolução, quer como meio de regeneração, quer como meio de aprimoramento dos países. Do seu ponto de vista, na medida que convulsionariam toda uma nação, as revoluções seriam até piores que uma guerra: "Eu rejeito pois em tese geral as revoluções; eu as considero, como diz um escritor muito célebre, não só como guerra, porém mais que guerra, porque é guerra feita à porta de todos os cidadãos"[178].

---

[176] ASI, 11/08/1840.

[177] ASI, 06/07/1841.

[178] ASI, 11/08/1840.

Contudo, cabe ressalvar que, pragmático e atento à necessidade de resposta às sempre imprevisíveis demandas das circunstâncias, Vasconcelos deixou aberta uma fresta à revolução — ainda que estreita. Aquela poderia de fato ser admitida, mas apenas em casos verdadeiramente excepcionais, em que houvesse "certeza de um perigo iminente, e de não haver outro meio de salvar-se o país"[179]. Portanto, a revolução seria um último recurso, cabível apenas em caso de perigo certo e imediato. Para um revolucionário a contragosto, como o parlamentar mineiro, a revolução não serviria para realizar visões de perfeição, mas a um imperativo de salvação a qualquer custo.

Terceira condição: a mudança deveria ser orientada pelas lições tiradas à história. Aos olhos do estadista brasileiro, à semelhança de Burke, a passagem do tempo funcionaria como um filtro para a política: separaria os casos em que a necessidade de mudança seria real, daqueles em que seria meramente presumida. O tempo seria, portanto, "o condutor da verdade, e o destruidor da impostura"[180]. Segundo Vasconcelos, mudanças que, em vez de aconselhadas pela necessidade, tal qual revelada pela experiência histórica, fossem ditadas por meras teorias, deveriam ser repudiadas como inovações desnecessárias. O parlamentar mineiro pautava o seu pensamento e ação parlamentar pela máxima jurídica *melior est conditio possidentis*, que explicou significar "a legislação existente tem a sua posse, não a vamos alterar sem necessidade"[181]. Foi em homenagem a essa máxima que ele criticou uma proposta de alteração do regulamento do Senado, justamente por considerá-lo carente de defeitos evidenciados pela experiência. Na ocasião, ele indagou sobre tal regulamento: "porque razão se há de reformar? Como se há de reformar uma instituição, sem que nem ao menos a experiência tenha mostrado

179 ASI, 11/08/1840.

180 VASCONCELOS, 1999, p. 246.

181 ASI, 01/07/1840.

seus defeitos! E quais são os defeitos do senado? Que mal tem vindo dele? [...] É pura teoria e teoria leviana"[182].

Curiosamente, de todas as centenas de discursos que Vasconcelos proferiu sobre os graves problemas do Brasil regencial, aquele que, alega-se, exporia de forma mais acabada sua visão sobre a mudança em política trata de tema menor. Em um período tão conturbado da história do país, em que suas instituições políticas estavam a ser forjadas a ferro e fogo em meio a guerras civis, o referido discurso não versa sobre matérias candentes, como a questão federativa ou o Ato Adicional. Em vez disso, trata de um tema singelo: o regimento do colégio D. Pedro II, no Rio de Janeiro. Nesse discurso, que Vasconcelos proferiu em 1838, como Ministro do Império, por ocasião da abertura das aulas, no próprio colégio e, portanto, longe do púlpito senatorial e dos incessantes apartes dos seus colegas parlamentares, pôde ele destacar a importância da experiência como elemento orientador do processo de mudanças.

Ao referir-se ao regulamento que pessoalmente redigira para aquele colégio, Vasconcelos indicou ter tido ele por mestres o tempo e a experiência. Afirmou: "a perfeição de obra só pode provir-lhe da experiência; ela e o tempo é que hão de mostrar as necessidades das alterações, modificações, que cumprirá fazer"[183]. Um regulamento novo como aquele, o qual ainda não podia contar com a sanção do tempo, poderia, ao menos, valer-se da experiência de terceiros — a qual teria valor largamente superior ao de meras teorias. Nesse sentido, Vasconcelos frisou que, apesar de novas "as regras consagradas neste regulamento não são teorias inexpertas; elas foram importadas de países esclarecidos, têm o cunho da observação, têm o abono da prática e deram o resultado de transcendente utilidade"[184].

---

182 ASI, 29/07/1848.

183 VASCONCELOS, 1999, p. 244.

184 *Ibid.*, p. 245.

No entanto, nem mesmo o "cunho da observação", o "abono da prática" e o "resultado de transcendente utilidade" serviriam como base adequada ao regulamento. Haveria, no caso, um vício de origem: a observação e a prática utilizadas não seriam próprias, mas de terceiros; e os referidos resultados teriam sido obtidos em circunstâncias diversas. Vasconcelos sabia que nada poderia substituir a experiência direta. E as circunstâncias incidentes seriam sempre particulares ao caso.

Assim sendo, o novo regulamento, justamente por ser novo, seria também necessariamente imperfeito. Contudo, para o estadista brasileiro, tal imperfeição não seria justificativa para uma observância flexível; seria, pelo contrário, uma razão para a sua observância rigorosa. Pois somente assim é que seriam "conhecidas suas faltas, aparecem seus defeitos"[185] e poderiam ter "lugar os preciosos melhoramentos"[186]. Têm-se, assim, em versão condensada, quatro pilares fundamentais ao reformismo de Vasconcelos: observação, prática, experiência e utilidade.

[185] *Ibid.*, p. 245.

[186] *Ibid.*

Conclusão

Dentre as mais intrigantes curiosidades da história está o paralelismo nas vidas de alguns dos seus vultos. Tal fenômeno tem nos percursos políticos de Edmund Burke e Bernardo Pereira de Vasconcelos um inusitado exemplo. Além de destacados parlamentares, tanto o britânico quanto o brasileiro iniciaram suas carreiras como defensores das causas liberais. Depois, ao insurgirem-se contra turbilhões revolucionários, foram acusados de terem traído o liberalismo. E ambos eventualmente entrariam para a história associados ao conservadorismo; mais especificamente, como aqueles que fundaram essa moderna linhagem de pensamento em seus correspondentes países. Vista de alguma distância, portanto, a semelhança nos percursos políticos de Burke e Vasconcelos não deixa de ser notável.

Motivado por esse curioso paralelismo histórico, este estudo buscou, já em seara propriamente política, perscrutar o pensamento de ambas as personagens. Seu intuito foi determinar até que ponto tal paralelismo de trajetórias se traduziria em convergência de suas ideias políticas. Apesar de já posta há mais de século e meio — pelo menos desde a morte de Vasconcelos —, a questão permanece carente de uma investigação mais detida. Contudo, ao menos dois estudiosos da política brasileira não a deixaram de notar. Nesse sentido, José Murilo de Carvalho assinalou algum nível de convergência quando afirmou que as ideias de Vasconcelos lembravam aquelas de Burke. E, mais recentemente,

Christian Lynch também reconheceu existir uma confluência pontual na apologia de ambos ao gradualismo. Porém, a elucidação do grau da referida afinidade poderia certamente se beneficiar de estudos mais específicos.

Diante dessa constatada, mas ainda largamente indeterminada, convergência entre os pensamentos conservadores de Burke e Vasconcelos, o presente estudo tentou contribuir para determiná-la em um ponto específico. Trata-se daquele que constitui, alegadamente, o núcleo dos seus correspondentes pensamentos de cariz conservador: a reforma como via preferencial de mudança em política.

A hipótese de partida deste estudo foi, portanto, positiva: os pensamentos conservadores de Burke e Vasconcelos convergiriam no reformismo. Mais especificamente, teriam conjugado a aceitação da inevitabilidade da mudança em política com uma preocupação com o resguardo de uma esfera de permanência. Ambos teriam recusado o radicalismo, seja revolucionário, seja imobilista, para defenderem uma política pautada por reformas graduais, prudentes, avalizadas pela experiência e compatíveis com as circunstâncias.

Ao longo deste estudo, constatou-se que tal hipótese restou geralmente corroborada.

Primeiramente, notou-se uma significativa convergência de origem. Os pensamentos conservadores tanto de Burke quanto de Vasconcelos constituem a forma intelectualmente desenvolvida de uma primigênia reação, qual seja, o repúdio ao avanço da desordem revolucionária. Nem o britânico nem o brasileiro foram teóricos que pretenderam propor um esquema abstrato acerca do processo de mudança em política. Em vez disso, seus pensamentos informam um discurso prático, tendente a um objetivo concreto: impedir o avanço da revolução em seus correspondentes países.

Mas, apesar de nascidos de uma mesma matriz reativa, os pensamentos de ambas as personagens divergem tanto nos eixos quanto na extensão de seu desenvolvimento. Acabam, assim, por terem escopos notavelmente distintos. Se o pensamento de Burke se afigura invulgarmente abrangente, por traçar um amplo panorama da mudança em política, trata-se antes de um incidente que de um propósito. Por ter o estadista britânico desde logo percebido na Revolução Francesa uma inspiração filosófica, concluiu que ela extrapolaria os limites da política e invadiria as esferas da moral, da religião e dos modos de vida. Ora, confrontar um fenômeno filosoficamente inspirado implicava articular um pensamento que equiparasse em escopo tal filosofia; que fosse, igualmente, compreensivo de boa parte da experiência humana. Se Burke jamais teve a ambição de elaborar um esquema doutrinário rival àquele dos revolucionários, a extensão e profundidade da sua crítica à Revolução Francesa compõem um quadro tão completo da política que, incidentalmente, chega próximo a fazê-lo.

A reflexão de Vasconcelos, por sua vez, foi bastante mais limitada. Tal comedimento de escopo é largamente explicado pelas diferenças entre a Revolução Francesa e as rebeliões provinciais no Brasil regencial. Enquanto Burke se deparou com uma revolução total, porém externa ao Reino Unido, o parlamentar brasileiro enfrentou múltiplas insurreições meramente políticas, mas internas ao seu país. Se o britânico pretendia imunizar o Reino Unido contra uma doutrina revolucionária, Vasconcelos pretendeu barrar rebeliões que ameaçavam dilacerar o Brasil. Portanto, relativamente ao perigo revolucionário encarado por Burke, aquele combatido por Vasconcelos apresentava-se como mais urgente, porém muito menos insidioso. A reflexão que deu origem ao Regresso raramente ultrapassou as fronteiras da política. Por isso, o pensamento de Vasconcelos é notavelmente menos abrangente do que aquele do seu congênere britânico.

Contudo, apesar dessa diferença na extensão dos seus correspondentes horizontes de pensamento, os conservadorismos de ambas as personagens não deixam de estar situados no mesmo plano prático, qual seja, aquele das suas experiências parlamentares. E, por terem partilhado desse mesmo plano de observação, não surpreende que ambos tenham enquadrado o tema da mudança em política sob ângulos bastante próximos. Se a lente de Burke é certamente mais panorâmica que aquela de Vasconcelos, ambas não deixam de partilhar da mesma perspectiva sobre o tema em comum.

Além disso, tanto o britânico quanto o brasileiro tinham a realidade social como irremediavelmente dinâmica. Pensavam que o verdadeiro estadista, em vez de buscar congelar o movimento da realidade, como pretendiam os reacionários, ou acelerá-lo, como queriam os revolucionários, deveria tentar domesticá-lo, de forma a melhor conviver com ele. Eram humildes em suas ambições, pois sabiam que a possibilidade de ação política seria sempre determinada pelas circunstâncias.

Como parlamentares ativos, ambos valorizaram a experiência e desprezaram a especulação teórica. Concordaram que a ação política deveria ser fiel à experiência da realidade, tal como revelada pelas suas circunstâncias concretas, e não a teorias de princípios pretensamente absolutos e alheios à realidade circunstancial. Nesse sentido, tanto Burke quanto Vasconcelos repudiaram a rígida aplicação de tais princípios ao domínio da política, o qual consideravam ser essencialmente contingente e, portanto, refratário a regras com pretensões à validade universal. Ambos foram veementes em repudiar o racionalismo, que tomava a política por uma geometria do Estado.

Nesse ponto, sobressai-se a genialidade de Burke. O britânico não apenas intuiu, como também eloquentemente expôs o perigo embutido na vontade racionalista de se converter a política em geometria. Embora Vasconcelos não se tenha deparado com uma revolução total como fora a francesa, mas com meras rebeliões regionais, o potencial destrutivo do projeto de se tomar a política por uma ciência de princípios absolutos não lhe parece ter escapado. A julgar por referência que fez em discurso de 1844, ele não desconhecia a obra de Burke; mas, por jamais ter se confrontado com uma revolução de inspiração filosófica, é compreensível que Vasconcelos não tenha elaborado sobre a associação que notou existir entre uma política de princípios absolutos e a destruição revolucionária.

Contudo, ao recusarem aos princípios uma aplicabilidade absoluta e universal, nem Burke nem Vasconcelos pretenderam sugerir que eles fossem dispensáveis. Pelo contrário, os princípios seriam essenciais à ação política, apenas deveriam ser considerados à luz da realidade circunstancial. De fato, não haveria um esquema hierárquico de princípios que pudesse ser observado na universalidade dos casos, mas isso de forma alguma implicava que não houvesse princípios mais fundamentais do que outros.

Um exemplo de princípio basilar a Burke e Vasconcelos era o da liberdade. Liberais que foram, não surpreende que tenham convergido na especial afeição que nutriam por aquele valor. Mas, como jamais conceberam os princípios puramente como formas abstratas e absolutas, senão como elementos integrados a uma realidade complexa e variável, ambos destacaram a necessidade de conjugar a liberdade com todos os demais princípios eventualmente aplicáveis ao caso em questão.

Acerca dessa conjugação, ambos sublinharam a importância de se compatibilizar a liberdade com um outro princípio em particular: a ordem. Mas não sob a forma de uma harmonia absoluta e estanque, porém de uma associação variável em função das circunstâncias. Ambos reconheciam nessa associação entre liberdade e ordem a característica essencial aos bons regimes; pois consideravam que, apesar da potencial tensão entre elas, a inexistência da segunda representaria uma ameaça fatal à primeira. Por isso, ambos concordavam que um bom governo jamais poderia prescindir de força. Mas, também aqui o britânico enxergou mais fundo que o brasileiro. Para Burke, em vez de um conceito exclusivamente político, como parece ter sido para Vasconcelos, a ordem se trataria também de uma virtude psicológica, relacionada à capacidade de continência dos apetites antissociais.

Ainda acerca da compatibilização dos princípios na prática da política, o pensamento do brasileiro parece particularmente subdesenvolvido quanto a um conceito que o britânico tinha por crucial a tal propósito: a prudência. Pois, no sentido de orientar aquela compatibilização, bem como a ação política em geral, Burke elegeu a prudência como guia-mestra. Aos olhos do britânico, a conjugação de ao menos três fatores criaria para o estadista um dever prudencial de cautela: (i) o dinamismo da realidade em razão da variabilidade das circunstâncias; (ii) a inexistência de princípios de aplicabilidade absoluta e universal; e (iii) os irremediáveis limites da razão humana — seu *handicap* epistemológico. Portanto, a precariedade da capacidade preditiva humana em uma realidade caracterizada por um coeficiente estrutural de incerteza implicaria um imperativo de prudência no desempenho da ação política.

Se Burke refletiu em profundidade sobre a importância da cautela prudencial, Vasconcelos, por sua vez, apesar de reconhecer os fatores (i) e (ii), limitou-se a tangenciar o tema. Assinalou que a prudência justificaria a moderação e favoreceria as instituições existentes, pelo que desaconselharia experimentalismos sociais. Contudo, apesar da brevidade da reflexão do brasileiro sobre a prudência, os seus poucos juízos a respeito não deixam de ser convergentes com aqueles de Burke.

A prudência política informaria, ademais, uma presunção relativa (e não absoluta) em favor do existente em detrimento do meramente desejado; da permanência — entendida como a continuidade da tradição —, em lugar da inovação. Tanto o britânico quanto o brasileiro tinham afeição pela realidade política, ela representaria a segurança do conhecido; antes de pretender transformá-la, buscavam sobretudo compreendê-la, a fim de poderem salvaguardar seus tesouros dos ímpetos inovatórios, que, ambos concordavam, seriam favorecidos pelo mau governo. Tudo questionar no existente para em tudo inovar com "modernices" seria uma atitude não apenas imprudente em política, mas verdadeiramente perigosa, por arriscar a sabedoria civilizacional embutida no *status quo*.

Essa sabedoria civilizacional e o sentido de ordem dela derivada eram, tanto para o britânico quanto para o brasileiro, tesouros a serem preservados. Por isso, ambos convergiam no reconhecimento do valor da herança institucional legada pelas anteriores gerações. As instituições políticas tradicionais deveriam ser acolhidas, uma vez que a sua antiguidade denotaria a permanência da sua utilidade, a despeito da variação nas circunstâncias ao longo do tempo.

No entanto, também aqui, a reflexão de Burke é significativamente mais explícita, abrangente e profunda que aquela de Vasconcelos. Com efeito, a ideia de herança é central ao pensamento burkeano, no qual serve tanto como elemento de ligação entre as gerações como fator de harmonização entre o antigo e o novo. Por sua vez, o brasileiro não chegou a explicitar o tema ou a refletir em maior profundidade sobre ele. Contudo, apesar disso, é razoável argumentar que a valorização da herança política está presente em seu pensamento, particularmente como o motivo de sua admiração pela constituição inglesa. E justamente em razão de desempenhar duas daquelas funções identificadas por Burke: servir como o elemento de ligação entre as gerações e fator de harmonização entre o antigo e o novo. Ainda que de baixa densidade, trata-se, portanto, de uma convergência adicional entre os pensamentos dos dois estadistas.

Em uma realidade estruturalmente dinâmica, preservar as instituições políticas legadas ao presente requereria um modo de adaptá-las à passagem do tempo. Burke argumentou que a Constituição britânica tinha no *prescription* uma sabedoria prática apta a conciliar o dever de proteger com a necessidade de adaptar as instituições políticas; uma sabedoria que, portanto, traduziria o princípio de reforma. O reformismo foi um *ethos* também subscrito por Vasconcelos, e constituiu o espírito que animou o seu Regresso. Nota-se que, sendo o Brasil do parlamentar mineiro um país recém-independente e cujas instituições estavam em formação, ele ressaltou, muito mais do que Burke, o potencial melhorativo da reforma. Segundo ele, o reformismo possibilitaria combinar a conservação das instituições políticas com o seu progresso. Apesar dessa diferença de enfoques, ambos concordavam que as reformas deveriam ser graduais, bem como evitar inovações precipitadas e carentes do aval da experiência.

***

Burke e Vasconcelos convergiram significativamente em suas visões reformistas. Mas enquanto a do britânico é notavelmente explícita, abrangente, elaborada e analítica, a do brasileiro é mais nebulosa, sucinta e, frequentemente, apenas sugerida. Muitas das ideias que aproximam Vasconcelos do seu congênere britânico não figuram na superfície dos seus discursos, mas em camadas de significado mais profundas, das quais precisam ser extraídas com algum esforço hermenêutico.

As convergências entre as ideias de Burke e Vasconcelos sobre a mudança em política aparentam decorrer, em larga medida, de uma mesma origem: as suas correspondentes reações às ameaças revolucionárias. Já as divergências entre as suas ideias parecem ser informadas pelas particularidades de cada uma daquelas revoluções. Ou seja: as visões reformistas de Burke e de Vasconcelos parecem convergir e divergir, conforme o caso, em função das semelhanças e diferenças entre o que se tratou de uma revolução total, no caso do britânico, e o que foram meras rebeliões regionais, no caso do brasileiro.

Trata-se de mais uma eloquente constatação do primado das circunstâncias. É certo que Burke e Vasconcelos não se surpreenderiam.

Referências

ACD – Atas da Câmara dos Deputados.

ASI – Atas do Senado Imperial.

O SETE de Abril.

ARMITAGE, John. *História do Brasil* [1836]. 2. ed. São Paulo: Typographia Brazil de Rothchild & Co., 1914.

BREDVOLD, Louis I. *The Brave New World of the Enlightenment*. Ann Arbor: University of Michigan Press, 1961.

BURKE, Edmund. A Letter to a Member of The National Assembly. *In*: BURKE, E. *Further Reflections on the Revolution in France*. Editado por Daniel E. Ritchie. Indianapolis: Liberty Fund, 1992a, pp. 27-72.

BURKE, Edmund. A Letter to a Noble Lord. *In*: BURKE, E. *Further Reflections on the Revolution in France*. Editado por Daniel E. Ritchie. Indianapolis: Liberty Fund, 1992b, pp. 277-326.

BURKE, Edmund. An Appeal from the New to the Old Whigs. *In*: BURKE, E. *Further Reflections on the Revolution in France*. Editado por Daniel E. Ritchie. Indianapolis: Liberty Fund, 1992c, pp. 73-201.

BURKE, Edmund. Letter to Charles-Jean-François Depont. *In*: BURKE, E. *Further Reflections on the Revolution in France*. Editado por Daniel E. Ritchie. Indianapolis: Liberty Fund, 1992d, pp. 3-17.

BURKE, Edmund. Letter to William Elliot. *In*: BURKE, E. *Further Reflections on the Revolution in France*. Editado por Daniel E. Ritchie. Indianapolis: Liberty Fund, 1992e, pp. 257-276.

BURKE, Edmund. Letters on a Regicide Peace. *In*: BURKE, E. *Select Works of Edmund Burke: A New Imprint of the Payne Edition. Vol. 3.* Prefácio e Nota Biográfica por Francis Canavan. Indianapolis: Liberty Fund, 1999a.

BURKE, Edmund. Reflections on the Revolution in France. *In:* BURKE, E. *Select Works of Edmund Burke: A New Imprint of the Payne Edition. Vol. 2.* Prefácio e Nota Biográfica por Francis Canavan. Indianapolis: Liberty Fund, 1999b.

BURKE, Edmund. Thoughts on French Affairs. *In:* BURKE, E. *Further Reflections on the Revolution in France.* Editado por Daniel E. Ritchie. Indianapolis: Liberty Fund, 1992f, pp. 203-255.

CALDEIRA, Jorge. *História da Riqueza no Brasil:* Cinco Séculos de Pessoas, Costumes e Governos. Rio de Janeiro: Estação Brasil, 2017.

CANAVAN, Francis. Burke as a Reformer. *In*: BREDVOLD, L. I.; STANLIS, P. J.; IVES, C. P. *et al. The Relevance of Edmund Burke.* Editado por Peter J. Stanlis. New York: P.J. Kenedy & Sons, 1964.

CANAVAN, Francis. Russell Kirk e o Renascimento de Edmund Burke. *In*: KIRK, R.; BURKE, E., *Redescobrindo um Gênio.* São Paulo: É Realizações, 2016, pp. 405-12.

CARVALHO, José Murilo de. Introdução. *In*: VASCONCELOS, B. P. de. *Bernardo Pereira de Vasconcelos.* Organização e Introdução de José Murilo de Carvalho. São Paulo: Editora 34, 1999, pp. 9-34.

COUTINHO, João Pereira. *As Ideias Conservadoras Explicadas a Revolucionários e Reacionários.* São Paulo: Três Estrelas, 2014.

COUTINHO, João Pereira. *Edmund Burke, a Virtude da Consistência.* Lisboa: Universidade Católica Editora, 2017.

FAUSTO, Boris. *História do Brasil.* 6. ed. São Paulo: Edusp, 1998.

FEULNER, Edwin J. As Raízes do Conservadorismo Moderno de Edmund Burke a Russell Kirk. *In*: KIRK, R. *Edmund Burke, Redescobrindo um Gênio.* São Paulo: É Realizações, 2016, pp. 412-436.

GASPARI, Elio. A Briga dos Remédios Revela a Força do Atraso. *Folha de São Paulo,* 30 jan. 2000.

HIMMELFARB, Gertrude. *Os Caminhos Para a Modernidade, os Iluminismos Britânico, Francês e Americano*. Tradução de Gabriel Ferreira da Silva. São Paulo: É Realizações, 2011.

HOLUB, Norman. Bernardo Pereira de Vasconcelos, o Gigante Aleijado. *Revista do Instituto Histórico e Geográfico Brasileiro*, n. 296, jul. 1972, pp. 38-51.

HUNTINGTON, Samuel P. Conservatism as an Ideology. *The American Political Science Review*, vol. 51, n. 2, 1957, pp. 454–473. Disponível em: www.jstor.org/stable/1952202. Acesso em: 17 ago. 2023.

KIRK, Russell. The Politics of T.S. Eliot. *The Heritage Lectures*, n. 182, 1989, pp. 1-9. Disponível em: http://thf_media.s3.amazonaws.com/1989/pdf/hl182.pdf. Acesso em: 17 ago. 2023.

KIRK, Russell. *Edmund Burke, Redescobrindo um Gênio*. Tradução de Márcia Xavier de Brito. São Paulo: É Realizações, 2016.

KIRK, Russell. "Russell Kirk e o Renascimento de Edmund Burke". *In*: KIRK, R., *Edmund Burke, Redescobrindo um Gênio*. São Paulo: É Realizações, 2016, pp. 405-12.

LEVIN, Yuval. *The Great Debate: Edmund Burke, Thomas Paine and the Birth of Right and Left*. New York: Basic Books, 2014.

LILLA, Mark. *A Mente Naufragada, Sobre o Espírito Reacionário*. Tradução de Clóvis Marques. Rio de Janeiro: Editora Record, 2018.

LIMA, Oliveira. *Formação Histórica da Nacionalidade Brasileira [1911]*. 3. ed. Prefácio de Gilberto Freyre, E. Martinenche, José Veríssimo. Rio de Janeiro: Topbooks, São Paulo: Publifolha, 2000.

LYNCH, Christian Edward Cyril. Conservadorismo Caleidoscópico, Edmund Burke e o Pensamento Político do Brasil Oitocentista. *Lua Nova*, n. 100, 2017, pp. 313-62. Disponível em: http://dx.doi.org/10.1590/ 0102-313362/100. Acesso em: 14 ago. 2023.

LYNCH, Christian Edward Cyril. Modulando o Tempo Histórico: Bernardo Pereira de Vasconcelos e Conceito de "Regresso" no Debate Parlamentar Brasileiro (1838-1840). *Almanack*, n. 10, 2015, pp. 314-34.

LYNCH, Christian Edward Cyril. O Conceito de Liberalismo no Brasil (1750-1850). *Araucaria*, n. 17, 2007, pp. 212-34.

LYNCH, Christian Edward Cyril. Quando o Progresso é Regresso: a Formação do Pensamento Conservador Saquarema e de seu Modelo Político (1834-1851). *In*: FERREIRA, G. N.; BOTELHO, A. (orgs.). *Revisão do Pensamento Conservador, Ideias e Política no Brasil.* São Paulo: Editora Hucitec, 2010, pp. 25-54.

MANSFIELD Jr., Harvey. Edmund Burke. *In*: STRAUSS, L.; CROPSEY, J. (eds.). *History of Political Philosophy.* 3. ed. Chicago: The University of Chicago Press, 1987, pp. 687-709.

MIGNOZZETTI, Umberto G. *A Apropriação de Modelos Estrangeiros pelo Pensamento Político Brasileiro:* os Casos de Bernardo Pereira de Vasconcelos, Marquês de São Vicente e Visconde do Uruguai. São Paulo, 2009. Dissertação de Mestrado em Ciência Política – Faculdade de Filosofia, Letras e Ciências Humanas, Universidade de São Paulo.

MITCHELL, Leslie G. Introduction. *In*: BURKE, E. *Reflections on the Revolution in France.* Oxford: Oxford University Press, 2009, pp. vii-xix.

MOREIRA, Ivone. *A Filosofia Política de Edmund Burke.* Porto: Moinho Velho/Editorial Aster, 2012.

MOREIRA, Ivone. Introdução, Edmund Burke – Um Percurso Biográfico-Literário. *In*: BURKE, E. *Reflexões sobre a Revolução em França.* Tradução e Introdução de Ivone Moreira, Lisboa: Fundação Calouste Gulbenkian, 2015, pp. 9-43.

NABUCO, Joaquim. *Joaquim Nabuco Essencial.* Organização e Introdução de Evaldo Cabral de Mello. São Paulo: Penguin Classics; Companhia das Letras, 2010.

PAIM, Antônio. *História do Liberalismo Brasileiro.* Instituto de Humanidades, 1998. Disponível em: http://institutodehumanidades.com.br/arquivos/historia%20do%20liberalismo%20brasileiro_completo.pdf. Acesso em: 17 ago. 2023.

PANICHAS, George A. A Sabedoria Inspirada de Edmund Burke. *In*: KIRK, R. *Edmund Burke, Redescobrindo um Gênio.* São Paulo: É Realizações, 2016, pp. 437-46.

RIBEIRO, João. *História do Brasil [1900]*. Rio de Janeiro: Fundação Darcy Ribeiro, 2013.

RICUPERO, Bernardo. O Conservadorismo Difícil. *In*: FERREIRA, G. N.; BOTELHO, A. (orgs.). *Revisão do Pensamento Conservador, Ideias e Política no Brasil*. São Paulo: Hucitec, 2010, pp. 76-94.

RITCHIE, Daniel E. Foreword. *In*: BURKE, E. *Further Reflections on the Revolution in France*. Editado por Daniel E. Ritchie. Indianapolis: Liberty Fund, 1992, pp. vii-xix.

ROCHA, Justiniano José. Biografia de Bernardo Pereira de Vasconcelos. *In*: SISSON, S. A. *Galeria dos Brasileiros Ilustres, Vol.I [1858]*. Brasília: Edições do Senado Federal, 1999, pp. 387-394.

RODRIGUES, José Honório. *História da História do Brasil, Volume II, Tomo I - A Historiografia Conservadora*. São Paulo: Editora Nacional, 1988.

RODRIGUES, Luaia da Silva. *O Justo Meio*: a Política Regressista de Bernardo Pereira de Vasconcelos (1835-1839). Niterói, 2016. Dissertação de Mestrado em História – Universidade Federal Fluminense.

SABINE, George. *History of Political Theory* [1937]. New York: Henry Holt and Company, 1945.

SOUSA, Otávio Tarquínio de. *História dos Fundadores do Império do Brasil, volume III Bernardo Pereira de Vasconcelos* [1937]. Brasília: Edições do Senado Federal, 2015.

TORRES, João Camilo de Oliveira. *Os Construtores do Império, Ideais e lutas do Partido Conservador Brasileiro*, São Paulo: Companhia Editora Nacional, 1968.

VALLADÃO, Alfredo. Bernardo de Vasconcelos. *Revista do Instituto Histórico e Geográfico Brasileiro*, n. 207, abr. 1950, pp. 159-191.

VALLADÃO, Alfredo. *Da Aclamação à Maioridade 1822-1840*. 2. ed. São Paulo: Editora Nacional, 1939.

VASCONCELOS, Bernardo Pereira de. *Bernardo Pereira de Vasconcelos*. Organização e Introdução de José Murilo de Carvalho. São Paulo: Editora 34, 1999.

WEFFORT, Francisco, C. *Formação do Pensamento Político Brasileiro, Ideias e Personagens*. São Paulo: Editora Ática, 2006.